Post Daniela

z uzdrawiającą dietą
warzywno-owocową
dr Ewy Dąbrowskiej

Post Daniela

z uzdrawiającą dietą warzywno-owocową dr Ewy Dąbrowskiej

Krystyna Dajka
ks. Łukasz Piórkowski

Wstęp: dr Ewa Dąbrowska

JAK SKUTECZNIE OCZYŚCIĆ CIAŁO I DUCHA

Praktyczne porady, duchowe rozważania i program diety na 14 dni

Wydawnictwo WAM

Autorzy oraz Wydawca nie odpowiadają za skutki kuracji przeprowadzanych z wykorzystaniem informacji zawartych w książce. Zachęcamy do podejmowania postu Daniela z pomocą doświadczonych terapeutów i pod opieką lekarza.

dodruk, dodruk II, dodruk III

Opieka redakcyjna: Dorota Trzcinka

Korekta: Klaudia Adamus

Przygotowanie indeksu: Marcelina Olszewska

Projekt okładki i skład: DoLasu | pracownia graficzna
www.dolasu-pracownia.pl

Ryciny: Flickr.com

Zdjęcia potraw: fot. © Anna Rzeszowska

Zdjęcie ks. Łukasza Piórkowskiego:
fot. © Jakub Szymczuk/Foto Gość

ISBN 978-83-277-1332-2

WYDAWNICTWO WAM
ul. Kopernika 26 • 31-501 Kraków
tel. 12 62 93 200 • faks 12 42 95 003
e-mail: wam@wydawnictwowam.pl

DZIAŁ HANDLOWY
tel. 12 62 93 254-255 • faks 12 62 93 496
e-mail: handel@wydawnictwowam.pl

KSIĘGARNIA WYSYŁKOWA
tel. 12 62 93 260
www.wydawnictwowam.pl

druk: COLONEL • Kraków

Moim kochanym córkom – na przyszłość
K.D.

Spis treści

Wstęp

KU HARMONII CIAŁA I DUCHA

Szukając odpowiedzi na pytanie, jaki pokarm byłby najbardziej odpowiedni dla człowieka, znajdujemy odpowiedź w Piśmie Świętym Starego Testamentu: „I rzekł Bóg: »Oto wam daję wszelką roślinę przynoszącą ziarno po całej ziemi i wszelkie drzewo, którego owoc ma w sobie nasienie: dla was będą one pokarmem«" (Rdz 1,29). Zatem w zamyśle Stwórcy podstawowym pokarmem człowieka powinny być rośliny, które są w stanie wydać ziarna, czyli warzywa, i które posiadają nasiona, czyli owoce.

Również w Piśmie Świętym, w Księdze Daniela (Dn 1,12–15), znajdujemy chyba pierwszą na świecie próbę doświadczalną wpływu dziesięciodniowego postu na warzywach na zdrowie: „Poddaj sługi twoje dziesięciodniowej próbie: niech nam dają jarzyny do jedzenia i wodę do picia (...). A po upływie dziesięciu dni wygląd ich był lepszy i zdrowszy niż innych młodzieńców, którzy spożywali potrawy królewskie".

Szczególnie w dzisiejszych czasach istnieje nagląca potrzeba podejmowania i propagowania wszelkich praktyk dotyczących wstrzemięźliwości i postów oraz wprowadzenia zwyczaju spożywania naturalnej żywności – diety, w której warzywa i owoce powinny przeważać.

My również przekonaliśmy się o niezwykłej skuteczności kuracji dietetycznej opartej na okresowym spożywaniu warzyw i owoców, co odpowiada postowi Daniela (http://www.ewadabrowska.pl). Zdumiewające są świadectwa uzdrowień nawet przewlekłych i nieuleczalnych chorób, takich jak miażdżyca, stwardnienie rozsiane, paraliż czy inne choroby z autoagresji. Posiadamy już wieloletnie doświadczenia w stosowaniu diety warzywno-owocowej jako metody profilaktyki i leczenia i jesteśmy przekonani, że po zakończeniu diety należy zmienić styl życia i żywienia na bardziej zgodny z naturą, co sprawia, że choroby nie powracają.

Element wyrzeczenia, jaki charakteryzuje każdy rodzaj postu, stanowi dodatkowy, jakże bezcenny skarb uzdrawiania, również duchowego. W każdym przypadku odejście od praw natury w postaci przejadania się, zwłaszcza przetworzoną i nienaturalną żywnością, oraz łamania zasad zdrowego odżywiania może skutkować rozwojem wielu chorób. Dlatego też podstawą przywrócenia harmonii w organizmie, czyli homeostazy, powinien być powrót do stylu życia zgodnego z prawami natury.

Człowiek, jako element Wszechświata, podlega niezmiennym od wieków prawom natury, które są w istocie zamysłem samego Stwórcy. Zostały stworzone w celu zapewnienia równowagi (homeostazy) na wszelkich poziomach, począwszy od makrokosmosu, aż do pojedynczych komórek i atomów. W komórkach człowieka, na poziomie jąder komórkowych, znajdują się fenomenalne struktury zwane genami. Ich komplet, 25 tysięcy, odkryto dopiero w 2000 roku. Geny są miejscem, w którym natura ludzka najściślej łączy się z otoczeniem, gdzie docierają najmniejsze cząsteczki strawionego pokarmu, aby utworzyć nowe, ludzkie białko, którego budowa jest zawsze odbiciem „matrycy" białka, jaka znajduje się na genie. Geny są niezwykle aktywne i potrafią włączać się i wyłączać w odpowiedzi na wszelkie zmiany otoczenia, a więc na to, co aktualnie spożywamy, ale także co czujemy, myślimy, jak się ruszamy. Aktywacja genu może uruchomić całe szlaki przemian, czego końcowym efektem mogą być np. podziały komórki w procesie rośnięcia, wzrost nowotworu, ale też sygnał śmierci komórki.

Od niedawna burzliwie rozwija się nutrigenomika – fascynująca nauka badająca wpływ żywienia na geny. Prawdopodobnie jest to przyszłość medycyny. Prawem natury jest między innymi spożywanie naturalnych i odpowiednich dla gatunku, jaki stanowi człowiek, pokarmów, nieprzejadanie się, okresowe poszczenie, aktywność fizyczna i psychiczna, przeznaczanie właściwego czasu na odpoczynek, eliminowanie czynników stresogennych zewnętrznych i wewnętrznych, używek: alkoholu, papierosów, kawy czy cukru oraz unikanie narażenia na promieniowanie np. telefonów komórkowych, komputerów czy odbiorników telewizyjnych.

* * *

Autorka książki, Krystyna Dajka, jest nie tylko entuzjastką postu

Daniela, który sama wielokrotnie podejmowała, ale ma także wielki dar praktycznego przygotowywania tej diety i szkolenia na organizowanych od lat turnusach zdrowotnych w Ośrodku Wypoczynkowo-Rekolekcyjnym Totus Tuus w Zembrzycach. Cieszę się, że na sugestię, aby swoją bezcenną, praktyczną wiedzę przelała na karty książki, odpowiedziała bez wahania i w przejrzysty sposób, z głębią duchową podzieliła się swoim doświadczeniem. W książce znalazły się również wspaniałe rekolekcje z postem Daniela, które w Ośrodku prowadził ksiądz Łukasz Piórkowski. Dzięki popularyzacji tej wiedzy wiele osób będzie mogło skorzystać z dobrodziejstwa postu dla ciała i ducha.

Już Hipokrates, żyjący niemal pół wieku przed naszą erą, mówił: „Jeśli nie jesteś gotowy zmienić swojego życia, to nie można będzie ci pomóc", „Niech pożywienie będzie twoim lekarstwem". Niech ta książka, propagująca te prorocze myśli ojca medycyny, służy pomocą wszystkim – nie tylko tym, którzy mają się źle, ale również zdrowym – jako skuteczna metoda profilaktyki zdrowotnej i duchowego odrodzenia.

dr Ewa Dąbrowska

Wprowadzenie

Post jest pokarmem naszej duszy i tak jak pokarm naturalny żywi ciało, tak post dostarcza duszy piękna i siły, daje jej lekkie skrzydła, by mogła się wznieść i móc kontemplować, oraz czyni ją wyższą od przyjemności i wszystkich pokus świata.

Jan Chryzostom

Książka, którą trzymasz w rękach, to owoc kilkuletnich doświadczeń, spotkań i wykładów prowadzonych w Ośrodku Wypoczynkowo-Rekolekcyjnym Totus Tuus im. ks. kard. Karola Wojtyły w Zembrzycach koło Wadowic podczas turnusów z postem Daniela – kuracją zbawienną zarówno dla ciała, jak i dla ducha. Turnusy te cieszą się dużą popularnością, a ja doświadczam ogromnej radości, mogąc dzielić się swoją wiedzą i propagować w wymiarze praktycznym filozofię zdrowotną, która uczy ludzi, jak odzyskać zdrowie, wykorzystując uzdrawiające właściwości diety warzywno-owocowej.

W 2003 roku poprowadziłam pierwszy taki turnus. Moje poszukiwania i uznanie dla tej metody sięgają jednak jeszcze kilkunastu lat wstecz. Po raz pierwszy spotkałam się osobiście z dr Ewą Dąbrowską w Gdańsku. Słyszałam już wcześniej o jej nowatorskiej metodzie leczenia polegającej na kuracji surówkami z warzyw i owoców i byłam nią zachwycona. Już wtedy wiedziałam, że będę praktykować post Daniela samodzielnie i być może również szkolić innych.

Kiedy po raz pierwszy podjęłam post, wytrwałam na diecie 6 tygodni. Moje samopoczucie z każdym dniem stawało się lepsze, zaczęłam znowu dobrze się wysypiać, poczułam przypływ energii, wróciła chęć do pracy, ustąpiły bóle stawów biodrowych – co wydawało mi się wręcz niewiarygodne, ponieważ cierpię na wrodzoną dysplazję bioder, a chorób wrodzonych nie można całkowicie wyleczyć dietą. Choć nie zostałam uleczona, to i tak odczułam ogromną ulgę.

Wtedy rozpoczął się nowy rozdział w moim życiu. Zapragnęłam popularyzować post Daniela jako metodę oczyszczania i odmłodzenia organizmu w różnych środowiskach. Powoli zdobywałam wiedzę na ten temat u samej mistrzyni, dr Ewy Dąbrowskiej, która do dzisiaj jest moim jedynym nauczycielem w tej dziedzinie. W przypadku wątpliwości dotyczących leczenia dietą warzywno-owocową zawsze korzystam z jej doświadczenia, porad i podpowiedzi. Czerpię z nich energię do dalszej pracy.

Po raz pierwszy dr Ewa Dąbrowska zastosowała u pacjenta dziesięciodniowy post na wodzie, a następnie kilkutygodniową dietę surówkową w 1985 roku w klinice w Gdańsku, gdzie pracowała. Przebywał tam wówczas mężczyzna z otyłością i chorobą wieńcową, który skarżył się na silne bóle w okolicy zamostkowej, co przepowiadało zawał serca. Tradycyjne leczenie było mało skuteczne, by-passy nie były dostępne tak łatwo jak dziś. Pacjent wyzdrowiał, co wydawało się wówczas ewenementem.

Inspiracją do zastosowania postu jako metody leczenia stały się dla dr Ewy Dąbrowskiej informacje o głodówkach leczniczych, o których pisała doc. dr n. med. Kinga Wiśniewska-Roszkowska (1916–2006). Miała ona okazję osobiście przekonać się o zbawiennym wpływie postów wodnych na zdrowie, będąc na stażu w klinice w Moskwie. Tam widziała, jak szybko powracali do zdrowia chorzy po zawale serca, którzy pod kierunkiem prof. Jurija Siergiejewicza Nikołajewa (1905–1998) stosowali posty wodne. Podobne efekty uzyskiwali także inni lekarze, m.in. Otto Buchinger (1878–1966), który stosował głodówki sokowe, oraz Max Bircher-Benner (1867–1939), twórca kuracji polegającej na czasowym spożywaniu surowych produktów roślinnych.

Doświadczenie leczenia postem dowodzi, że czasowe powstrzymywanie się od jedzenia jest dla współczesnego człowieka, który najczęściej przesyca się niezdrową żywnością, jedynym ratunkiem. Istnieje kilka odmian postu. Wśród nich są posty zupełne (np. wodne), częściowe (np. sokowe), na warzywach i niskocukrowych owocach (dieta warzywno-owocowa), na chlebie i wodzie albo wyłącznie na ziarnach oraz wodzie. Pod wpływem okresowego powstrzymania się od spożywania pokarmów spontanicznie uruchamia się w organizmie proces tak zwanego odżywiania wewnętrznego. Jest to samoleczący mechanizm, który prowadzi do przywrócenia zdrowia.

POST TO TERAPIA, KTÓRA NIE LECZY KAŻDEJ CHOROBY Z OSOBNA, LECZ WSZYSTKIE RAZEM

Post jest nie tylko bardzo skutecznym, ale również powszechnie dostępnym sposobem leczenia wszelkich chorób. Jest on równie niezbędny dla organizmu jak sen, podczas którego dajemy ciału odpocząć od codziennej pracy związanej z trawieniem, odtruwaniem i wchłanianiem.

Doktor Ewa Dąbrowska tę naturalną metodę leczenia wprowadziła do swojej codziennej praktyki lekarskiej. Propaguje ją i poleca do dzisiaj. Na swoich wykładach i w publikacjach objaśnia, jak zdrowo żyć i zapobiegać chorobom. To dzięki współpracy z nią narodził się pomysł napisania tej książki. Takiego doświadczenia i rozsądnej profilaktyki oraz terapii bardzo nam dziś potrzeba!

Życzę Ci zwłaszcza tego, by post Daniela okazał się dla Ciebie inspiracją do odbycia podróży do własnego wnętrza w poszukiwaniu tego, co jest dla Ciebie najważniejsze. Zdrowia, radości, spokoju serca, wolności od nałogów i powrotu do harmonii. Ta książka daje Ci możliwość powtórzenia tego, co zrobiłam ja i tysiące osób.

Życzę Ci, aby to Duch Boży przekonał Cię o walorach Bożych darów, którymi są post i modlitwa. Jestem przekonana, że kiedy odkryjesz je dla siebie, zobaczysz zmiany w swoim życiu.

Z miłością i dla zdrowia

Krystyna Dajka

Post Daniela

Co trzeba o nim wiedzieć

Każdy z nas ma świadomość tego, jak wielką wartością jest zdrowie. Spośród czynników wpływających na stan zdrowia człowieka pożywienie jest najważniejsze. Nie bez znaczenia są także obciążenia środowiskowe i toksyny, które sukcesywnie nas trują. Mowa tu o promieniowaniu elektromagnetycznym z telefonów komórkowych, komputerów i telewizorów, o farbach, proszkach do prania czy rozpuszczalnikach, o spalinach, trujących oparach, pyłach, gazach, benzynie, a także o alergizujących pyłkach niektórych roślin.

Najwięcej toksyn dostaje się do organizmu człowieka przez przewód pokarmowy, który służy przecież w pierwszej kolejności do przyjmowania pokarmów, a więc do utrzymania życia. Tymczasem okazuje się, że pożywienie może również zarówno powoli zabijać, jak i – na szczęście – skutecznie leczyć.

Na co dzień nie zastanawiamy się nad tym problemem. Tradycyjny model żywienia opiera się na swoistym rodzaju fast foodów. Korzystamy z masowo przetworzonych produktów o niskiej wartości odżywczej. Dla wzbogacenia ich smaku, koloru i przedłużenia trwałości używa się wielu substancji chemicznych, które nie są obojętne dla zdrowia. Trujące składniki zgromadzone w produktach mięsnych, konserwowanych, sztucznie barwionych, polepszanych oraz wędzonych wywołują symptomy osłabienia organizmu i doprowadzają do chorób degeneracyjnych. Spożywanie zbyt dużej ilości tłuszczów, białka zwierzęcego, węglowodanów – głównie w formie oczyszczonej, cukru – sprawia, że zwiększamy ryzyko choroby i przedwczesnej śmierci. Wysokie tempo życia i wygoda sprawiają, że coraz częściej sięgamy po niezdrowe, nie zawsze smaczne, ale łatwo dostępne i tanie potrawy gotowe.

Złe nawyki żywieniowe i brak aktywności fizycznej oddziałują szkodliwie na nasze zdrowie, zaburzają naturalną równowagę, harmonijne współdziałanie wszystkich składników ciała między sobą, jak również całego organizmu ze środowiskiem zewnętrznym.

ZDROWIE TO RÓWNOWAGA, CHOROBA TO BRAK RÓWNOWAGI

Wielu chorobom można zapobiec, stosując odpowiednią dietę. Niejedną z nich można za pomocą diety wyleczyć. Choć takie podejście może się wydawać wręcz rewolucyjne, to w rzeczywistości jest to jedna z najstarszych prawd. Już Hipokrates pouczał swoich uczniów: „Wasze pożywienie będzie waszym lekarstwem". Współczesną odpowiedzią na to wezwanie jest post.

Znany niemiecki lekarz Otto Buchinger nazwał długotrwałą głodówkę, pomocną w leczeniu wielu chorób, „królewską kuracją". Inny Niemiec, dr Gustav Riedlin, pionier głodówek terapeutycznych, trafnie nazwał głodówkę operacją bez noża: „Głodówka lecznicza to operacja bez skalpela, najdelikatniejsza, ukierunkowana mikrochirurgia, przeprowadzona samodzielnie przez organizm. Nie rani, nie powoduje upływu krwi. Usuwa to, co złe, chore i szkodliwe – a wzmacnia i poprawia to, co zdrowe. Jaka sztuka leczenia mogłaby obiecać więcej?".

Każda, nawet najkrótsza forma postu Daniela, jeżeli jest przeprowadzona prawidłowo, ściśle według opisanych tutaj wskazówek, przynosi efekt w postaci oczyszczenia, odrodzenia, regeneracji i odmłodzenia organizmu. Oczyszczony organizm funkcjonuje lepiej, jest dobrze odżywiony i wydłuża się jego życie.

W CZYSTYM ŚRODOWISKU ORGANIZMU NIE POWSTANIE ŻADNA CHOROBA

W trakcie kuracji oczyszczającej organizm najpierw wydala zbędną wodę (ustępują obrzęki), następuje stabilizacja ciśnienia krwi: wysokie się obniża, niskie podwyższa. Poprawia się sen i nastrój, odczuwamy przypływ energii. Zwiększa się tolerancja dla wysiłku, zmniejszają bóle wieńcowe, stopy stają się cieplejsze. Cofają się przebarwienia troficzne skóry. Organizm usuwa cysty, zgrubienia, drobne ogniska ropne i zapalne. Normalizuje się poziom cukru we krwi, zostaje przywrócona wrażliwość receptorów na insulinę (ustępuje zespół metaboliczny X), chorzy przyjmujący leki przeciwcukrzycowe doustnie mają szansę ich odstawienia. System immunologiczny się odblokowuje, wzrasta jego wydolność, co podnosi odporność organizmu na zakażenia; ustępują przewlekłe choroby zapalne i zwyrodnieniowe, zanika skłonność do przeziębień. Pojawienie się biegunki w 3. lub 4. dniu kuracji jest wczesnym objawem oczyszczania śluzówki przewodu pokarmowego u osób z chorobą wrzodową lub nieżytem żołądka i jelit. Ustępują reakcje alergiczne, typowy dla astmy skurcz oskrzeli. Pot, mocz i stolec tracą przykrą woń. Następuje zahamowanie, a nawet cofnięcie zmian miażdżycowych, toksyny są sprawnie wydalane z organizmu. Cofa się stłuszczenie wątroby, ustępują złogi tłuszczu i złogi w stawach (kwasu moczowego i zwyrodniałych tkanek). Nie ustępują jedynie choroby wrodzone.

Popularne lekarstwa przeciwzapalne usuwają tylko objawy chorób. Post Daniela z dietą warzywno-owocową usuwa przyczyny schorzeń. Jeśli nie jest tylko epizodem, ale wstępem do zmiany modelu żywienia, może zapewnić trwałe zdrowie.

KTO MOŻE PODJĄĆ POST DANIELA

Głodówki o charakterze leczniczym, przeprowadzane pod kontrolą lekarza specjalisty, są najefektywniejszą i najbezpieczniejszą metodą leczenia chorób przemiany materii uwarunkowanych nieodpowiednim sposobem odżywiania się. Post Daniela, choć nie zatrzyma naszego zegara biologicznego, skutecznie zapobiega przedwczesnemu starzeniu się organizmu.

WSKAZANIA
alergie skórne
astma oskrzelowa
autoimmunologiczne zapalenie wątroby i mięśni
bezpłodność
bezsenność
bóle różnego pochodzenia
bulimia, chorobliwe łaknienie
cukrzyca typu I (post można podjąć tylko w warunkach szpitalnych)
chroniczne bóle głowy
Hashimoto
jaskra w początkowym stadium
kamica nerkowa
katar sienny
łuszczyca
miażdżyca
migrena
nadwaga i otyłość
niedoczynność tarczycy
paradontoza
podwyższona krzepliwość krwi
podwyższony poziom insuliny we krwi
porfiria skórna
reumatoidalne zapalenie stawów
skaza moczanowa
sklerodermia
skutki uboczne leczenia farmakologicznego
uzależnienie od nikotyny, alkoholu, leków, innych używek
wysoka prolaktyna
zakrzepy żylne
zaparcia
zespół jelita drażliwego
zgaga

PRZECIWWSKAZANIA
ciąża
ciężkie depresje
czynna gruźlica
karmienie piersią
krańcowa niewydolność narządów (nerek, wątroby, nadnerczy, układu krążenia)
nadczynność tarczycy
nowotwory
ostra porfiria
stan po transplantacji narządów (nerek, wątroby, serca)
u dziewcząt w okresie dojrzewania
u małych dzieci

Każdy, kto cierpi na dolegliwości wymienione w tabeli „Wskazania", powinien przed podjęciem postu Daniela **skonsultować się z lekarzem** fastoterapeutą i odbywać post pod jego kontrolą.

Również w przypadku **stosowania leków chemicznych** niezbędna jest kontrola lekarska – tylko lekarz prowadzący może w miarę poprawy klinicznej stopniowo redukować ich dawkowanie. Niezmniejszenie dawki lub nieodstawienie leków może grozić pojawieniem się polekowych działań ubocznych.

Osoby chore na **cukrzycę i przyjmujące insulinę** powinny być **pod stałą opieką lekarza specjalisty** ze względu na konieczność całodobowej kontroli poziomu cukru podczas redukowania dawek insuliny.

CO DAJE POST DANIELA

- Jest doskonałą metodą profilaktyki zdrowotnej.
- Poprawia ruchomość stawów.
- Poprawia samopoczucie psychiczne i fizyczne.
- Oczyszcza organizm z toksyn, złogów, martwych, zwyrodniałych i chorych komórek.
- Poprawia pracę układu pokarmowego: żołądka, trzustki, jelit, wątroby, pęcherzyka żółciowego.
- Wzmacnia odporność immunologiczną.
- Wyostrza zmysły: wzrok, słuch, smak, węch i dotyk.
- Odmładza organizm, opóźnia proces starzenia się i przedłuża życie.
- Pozwala pozbyć się niepokoju, napięcia i uzyskać wewnętrzny spokój.
- Pozwala odpocząć przeciążonym narządom.
- Odmładza i upiększa skórę.
- Pomaga porzucić złe nawyki żywieniowe i wprowadzić zdrowe.
- Zwiększa przyjemność jedzenia po zakończeniu głodówki, pozwala docenić wartość pokarmu.

KILKA FAKTÓW O POŚCIE DANIELA

- Dostarcza dziennie mniej niż 800 kcal, średnio 400–600 kcal (w tradycyjnym modelu odżywiania spożywamy ok. 2000 kcal na dobę).
- Podczas postu Daniela spożywa się 5 razy mniej białka, 5 razy mniej węglowodanów i 20 razy mniej tłuszczów (posiłki są pozbawione cholesterolu i tłuszczów nasyconych) niż na co dzień.
- Posiłki są bogate w witaminę C i beta-karoten (jest ich 4 razy więcej niż w tradycyjnym modelu żywienia), biokatalizatory, polifenole, likopen, chlorofil, błonnik, aktywne enzymy i mikroelementy.
- Zawarte w postnych pokarmach białka roślinne bardzo rzadko wywołują nietolerancje pokarmowe (w przeciwieństwie do mleka, glutenu zbóż, jajek i drożdży).
- Dania odznaczają się wysoką zawartością błonnika. Na potrawy w poście składają się nieprzetworzone warzywa i owoce o niskich indeksach glikemicznych.

CO JEŚĆ, CZEGO NIE JEŚĆ

Podstawą posiłków przygotowywanych podczas postu Daniela są warzywa i owoce – głównie surowe, podawane jako surówki, kiszonki, soki i zakwas buraczany. W takiej postaci zawierają one enzymy (nazywane też fermentami, biokatalizatorami czy zaczynami) – białkowe katalizatory przemian w organizmach żywych, niezbędne do każdej reakcji chemicznej i biologicznej. Enzymy biorą udział m.in. w procesach wzrostu, przemiany materii, trawieniu, zwalczaniu np. wolnych rodników. Dzięki nim, przy właściwej temperaturze organizmu i normalnym pH, wszelkie reakcje biochemiczne w organizmie mogą przebiegać szybko. W przypadku ich nieobecności reakcje przebiegałyby nieskończenie wolno. Z tego względu od ich aktywności i efektywności zależy nasze zdrowie.

Enzymy są zawarte w surowych warzywach i owocach, dlatego podczas postu Daniela należy spożywać dużo surowych warzyw. Owoce można przyjmować jedynie w ilościach śladowych i tylko te dozwolone podczas kuracji. Najlepiej wybierać takie produkty, które pochodzą przede wszystkim z tej strefy klimatycznej, w której żyjemy. Taki sposób odżywiania pozwoli uzupełnić pulę enzymatyczną warunkującą dobre zdrowie.

Elementem kuracji dietą warzywno-owocową są również warzywa duszone i zupy warzywne przyprawiane ziołami. Nie zawierają one enzymów, ale są źródłem błonnika, dlatego zjada się je na końcu posiłku.

Każda obróbka warzyw i owoców – gotowanie, mechaniczne krojenie, miażdżenie, rozdrabnianie i blendowanie – niszczy ich strukturę komórkową, wpływa negatywnie na zawartość niektórych związków pełniących funkcję odżywczą. Gotowanie w dużej ilości wody i przez długi czas powoduje, że część witamin jest bezpowrotnie tracona, a część minerałów pozostaje jedynie w wodzie z gotowania. Podczas obróbki mechanicznej warzyw i owoców uwalniają się soki komórkowe i witaminy wrażliwe na działanie tlenu oraz światła słonecznego. Blendowanie z kolei uwalnia enzymy, które wchodzą w reakcję z witaminami i je rozkładają.

Z drugiej strony witaminy oraz mikro- i makroelementy są dzięki obróbce łatwiej przyswajalne.

Dostarczamy ich mniej, ale mają większą biodostępność, więc wartość odżywcza pokarmów gotowanych al dente jest porównywalna z wartością świeżych warzyw i owoców.

Aby ograniczyć straty witamin i mikroelementów, warto gotować warzywa na parze. Taka metoda pozwala szybko i zdrowo przygotowywać posiłki pełnowartościowe, a także zachować soczystość i aromat potraw. Dobrze jest również spożywać zupy kremy oraz warzywne dipy.

Brokuły, brukselkę, jarmuż, kalafior i kapustę należy poddawać obróbce mechanicznej 30 min przed poddaniem ich działaniu wysokiej temperatury. Obróbka mechaniczna tych warzyw inicjuje bowiem wytwarzanie sulforafanu – substancji, która jest bardzo silnym przeciwutleniaczem i ma działanie antynowotworowe. Sulforafan wzmaga również aktywność niektórych enzymów odpowiedzialnych za metabolizm ksenobiotyków (substancji obcych w organizmie człowieka), wspomagając tym samym detoksykację organizmu.

Podczas postu należy również dodawać do pokarmów czosnek i chrzan, które zabijają bakterie gnilne i nie niszczą bakterii fermentacyjnych.

Niezmiernie ważne dla prawidłowego przebiegu kuracji jest również spożywanie kiszonek. Utrzymują one właściwą florę bakteryjną w jelitach, nie pozwalają rozmnażać się szkodliwym bakteriom i drożdżom. Usprawniają trawienie i eliminują złogi, pomagając trawić tłuszcze. Przywracają równowagę jelitom zniszczonym po kuracjach antybiotykowych i chemioterapii. Sprzyjają syntezie witaminy B12, która jest naturalnym produktem ubocznym fermentacji.

Wielkość posiłków spożywanych w trakcie kuracji jest dowolna, powinna być regulowana uczuciem głodu. Uczucie głodu mija zwykle po 2–5 dniach postu, co sprzyja ograniczeniu ilości przyjmowanych pokarmów.

W przypadku braku apetytu można pić tylko soki warzywne.

Posiłki należy spożywać 3 razy dziennie w regularnych odstępach czasu – co 4–4,5 godziny (szczegółowe informacje na s. 44).

CO JEŚĆ

Warzywa niskoskrobiowe

- **korzeniowe:** marchew, seler, pietruszka, chrzan, burak, rzodkiew, rzepa
- **kapustne:** kapusta biała, czerwona, włoska, pekińska, kalafior, kalarepa, brokuł, brukselka
- **cebulowe:** cebula, por, czosnek
- **psiankowate:** papryka, pomidor
- **liściaste:** sałata masłowa, lodowa, rzymska, seler naciowy, natka pietruszki, jarmuż, rzeżucha, koper, zioła
- **dyniowate:** dynia, kabaczek, cukinia, ogórki, patisony

Kiszonki

- z kapusty
- z ogórków
- z buraków

Owoce niskocukrowe

- mają być jedynie dodatkiem smakowym do potraw warzywnych: jabłka, cytryny, grejpfruty, kiwi, mandarynki, śladowe ilości owoców sezonowych: borówek, jagód, malin, truskawek, aronii, agrestu, wiśni i porzeczek

NIE WOLNO!

Pić czarnej herbaty, kawy, alkoholu, napojów energetyzujących, wody gazowanej.

Palić papierosów.

Spożywać roślin strączkowych (bogate w białko i tłuszcze), ziemniaków (bogate w skrobię), ziaren zbóż (bogate w skrobię i białko), innych ziaren i orzechów (bogate w tłuszcze i białko), bogatych w cukry słodkich owoców (jak banany, gruszki czy śliwki), słodyczy i ciast (cukier), olejów (tłuszcz). Pokarmy te są zbyt odżywcze, hamują utratę wagi ciała, co jest równoznaczne z zahamowaniem procesów spalania zwyrodniałych tkanek i własnych złogów tłuszczu.

Dodawać do diety warzywnej pokarmów wysoko odżywczych, takich jak mleko, olej, masło.

Stosować gum do żucia (miętowych lub innych) dla zabicia zapachu z ust.

Używać środków przeciwbólowych – wszystkie lekarstwa mają w czasie postu silniejsze działanie i wywołują skutki uboczne.

Przyjmować środków nasennych.

Korzystać z suplementów na bazie olejów, wyciągów z chrząstek kości czy soi.

Zastosowanie podczas postu Daniela któregokolwiek z zakazanych składników zakłóci przebieg kuracji oczyszczającej i może zaburzyć proces odżywiania wewnętrznego (zob. s. 34)

PRZYPRAWY

Przyprawy nie tylko korzystnie wpływają na smak i aromat potraw, lecz także działają leczniczo i wspomagają trawienie pokarmów. Zawierają olejki eteryczne, witaminy, mikroelementy i substancje o właściwościach pobudzających ośrodkowy układ nerwowy. Należy je stosować z umiarem, gdyż ich nadmiar może drażnić nerki, wątrobę i błonę śluzową układu pokarmowego.

W poście Daniela należy stosować tylko przyprawy naturalne.

ANYŻ	działa przeciwskurczowo, wykrztuśnie, pobudza trawienie
BAZYLIA	wzmacnia i pobudza czynności żołądka, działa rozkurczowo, moczopędnie, znosi nadmierną fermentację i wzdęcia
CHRZAN (świeży lub na kwasku cytrynowym)	ma silne właściwości bakteriobójcze i grzybobójcze, pobudza czynności żołądka, działa przeciwbólowo i moczopędnie
CYNAMON	pobudza apetyt, wzmacnia serce i ułatwia oddychanie
CZĄBER	reguluje proces trawienia, ma działanie rozkurczowe
CZOSNEK	wspomaga trawienie, obniża ciśnienie tętnicze, ma właściwości bakteriobójcze i przeciwzapalne
CZUBRYCA CZERWONA	łagodzi dolegliwości żołądkowe, wzdęcia oraz niestrawność
CZUBRYCA ZIELONA	pomocna w przypadku nudności, wymiotów i biegunek
ESTRAGON	wzmacnia żołądek i poprawia trawienie
GAŁKA MUSZKATOŁOWA	korzystnie wpływa na układ trawienny, zmniejsza wzdęcia, pomaga przy biegunce, wymiotach i nudnościach
GOŹDZIKI	stymulują układ trawienny, łagodzą dolegliwości związane z wrzodami żołądka, wymiotami, wzdęciami
IMBIR (mielony i świeży)	działa rozgrzewająco, jest skuteczny w przypadku niestrawności, wzdęć i biegunek

KARDAMON	wspomaga trawienie, zwalcza nadkwasotę, nudności, zgagę, wzdęcia, gazy i zaparcia
KIEŁKI (brokuła, rzodkiewki, lucerny)	wspomagają układ krążenia, poprawiają jakość krwi i zwiększają liczbę czerwonych krwinek
KMINEK (mielony)	skuteczny w przypadku wzdęć, odbijania, zgagi, bólów brzucha i lekkich zaparć
KOLENDRA	dobry środek trawienny, przeciwskurczowy, odżywczy i konserwujący
KURKUMA	przeciwzapalna, przeciwwirusowa, przeciwbakteryjna, skuteczna podczas odchudzania, wspomaga metabolizm i przyspiesza trawienie
LIŚĆ LAUROWY	wspomaga trawienie, działa przeciwwirusowo, oczyszczająco, napotnie, wykrztuśnie i wiatropędnie
LUBCZYK	skuteczny przy nieżycie żołądka, dolegliwościach sercowych, wzdęciach i problemach skórnych; poprawia apetyt
MAJERANEK	reguluje trawienie, działa wykrztuśnie, przeciwskurczowo i przeciwzapalnie; likwiduje wzdęcia, bóle brzucha i żołądka, działa lekko rozgrzewająco
OCET JABŁKOWY (ekologiczny lub domowy)	wspomaga odchudzanie, obniża poziom cukru we krwi, pomaga w leczeniu grzybicy (zob. także s. 27 i 46)
OREGANO	działa przeciwwirusowo, przeciwgrzybicznie i przeciwbakteryjnie, reguluje proces trawienia, łagodzi objawy niestrawności, wzdęć, zapalenia żołądka
PAPRYKA CHILI	działa przeciwbólowo i przeciwzapalnie, pobudza układ krążenia oraz procesy trawienne, przyspiesza metabolizm i poprawia pracę jelit
PAPRYKA SŁODKA	ułatwia trawienie, pobudza żołądek do wydzielania soków trawiennych
PIEPRZ CZARNY	poprawia trawienie, pobudza apetyt, wzmaga wydzielanie soków trawiennych
PIEPRZ ZIOŁOWY	poprawia trawienie i przyspiesza metabolizm
ROZMARYN	działa przeciwzapalnie, przeciwwirusowo i przeciwbakteryjnie, podnosi odporność, obniża poziom cukru we krwi; wspomaga pracę wątroby i likwiduje bóle żołądka
SÓL HIMALAJSKA	zob. s. 27
TYMIANEK	pobudza żołądek, nerki i serce, działa wykrztuśnie, przeciwskurczowo i ściągająco
WEGETA (bez glutaminianu sodu)	składa się z przypraw i suszonych warzyw (ok. 30%); najlepiej przygotować własną
ZIELE ANGIELSKIE	wzmacnia żołądek
ZIOŁA PROWANSALSKIE	poprawiają trawienie, wspierają pracę żołądka i obniżają ciśnienie krwi

DOMOWY OCET JABŁKOWY

SKŁADNIKI

- 1–1½ kg jabłek, najlepiej kwaśnych (szara reneta, kosztel, antonówka) z upraw ekologicznych
- 1–1¼ l przegotowanej, letniej wody
- 4–5 łyżeczek miodu naturalnego lub nieoczyszczonego cukru (1 łyżeczka na 250 ml)

SPOSÓB PRZYGOTOWANIA

Jabłka umyj i obierz. Skórki włóż do wyparzonego 3-litrowego słoika i zalej osłodzoną wodą. Słoik przykryj gęstą gazą, zawiąż sznurkiem i odstaw w ciepłe miejsce na 4 tygodnie. Co 2–3 dni mieszaj roztwór drewnianą łyżką. Kiedy ocet przestanie się pienić, przelej go przez gazę do butelek, dobrze zamknij i odstaw w chłodne miejsce.

Jeśli na powierzchni octu pojawi się pleśń, trzeba całość wylać i przygotować ocet od nowa.

SÓL HIMALAJSKA

Sól himalajska różowa to najcenniejsza, najbogatsza w minerały i pierwiastki śladowe sól. Jej złoża powstały 250 mln lat temu, w czasach, kiedy ekosystem Ziemi był bardzo czysty. Zawiera 84 niezbędne do życia minerały. Uważa się ją za matkę wszystkich soli.

WŁAŚCIWOŚCI SOLI HIMALAJSKIEJ

- Reguluje dystrybucję wody w ciele.
- Równoważy nadmiar kwasów w komórkach, zwłaszcza mózgowych.
- Reguluje poziom cukru we krwi, pomaga zmniejszyć tempo starzenia się.
- Pomaga wytwarzać energię hydroelektryczną w komórkach organizmu oraz wchłaniać składniki odżywcze z pożywienia.
- Pomaga oczyścić płuca z legmy i śluzu, jest szczególnie polecana przy astmie i mukowiscydozie.
- Zapobiega skurczom mięśni.
- Wzmacnia strukturę kości.
- Sprzyja lepszemu snowi – jest naturalnym środkiem nasennym.
- Utrzymuje libido.
- Zapobiega żylakom na nogach.
- Stabilizuje nieregularne bicie serca – w połączeniu z wodą reguluje ciśnienie krwi.

SOKI

Choć soki warzywne lubi niewiele osób, to warto się do nich przekonać. Rzeczywiście trudno wyobrazić sobie brukselkę, brokuły i szpinak nie dość, że razem, to jeszcze w płynnej postaci. Jednak odpowiednio przyprawione i ze smacznymi dodatkami są one prawdziwą bombą zdrowotną – zawierają witaminy, minerały (magnez, potas, wapń, fosfor, żelazo, miedź, cynk, bor, selen), przeciwutleniacze (witaminę C i E), flawonoidy i beta-karoten. Tak odżywione komórki są odporniejsze na choroby cywilizacyjne. W jednej szklance soku warzywnego możemy przemycić więcej składników odżywczych niż w całym garnku zupy! Dodatkowo podczas wyciskania soku wszystkie pochodzące z warzyw witaminy i minerały pozostają nienaruszone. Możliwości doboru warzyw jest tak wiele, że każdy z pewnością znajdzie kilka smakujących mu kombinacji. Soki warzywne w poście Daniela można doprawiać sokiem z cytryny, kiwi, jabłek. Proporcje warzyw należy dowolnie zmieniać.

Świeżo przygotowane soki warzywne doskonale zaspokajają pragnienie. Pijąc je regularnie, mniej chętnie sięgamy po wodę gazowaną, herbatę, mleko, coca-colę czy inne słodkie napoje. Soki przygotowane fabrycznie – pasteryzowane, witaminizowane, z dodatkiem środków konserwujących, barwników i środków aromatyzujących – są bardzo szkodliwe: zakwaszają organizm i dostarczają mu wielu substancji toksycznych.

PRZYKŁADY SOKÓW WARZYWNYCH W POŚCIE DANIELA

- sok z białej rzodkwi i marchwi
- sok z brokuła i jabłka
- sok z brukselki i jabłka
- sok z czarnej rzepy i jabłka
- sok z dyni i jabłka
- sok z dyni, marchwi i białej rzepy
- sok z grejpfruta
- sok z jabłka, selera i korzenia imbiru
- sok z kapusty białej i marchwi
- sok z kapusty białej, marchwi i jabłka
- sok z marchwi i cukinii
- sok z marchwi i jabłka
- sok z marchwi, jabłka, buraka i limonki
- sok z marchwi, jabłka i cytryny
- sok z marchwi, pomidorów i liści bazylii
- sok z marchwi i selera
- sok z papryki, cebuli, czosnku i natki pietruszki
- sok z pietruszki, jabłka i korzenia imbiru
- sok z pomidorów i czosnku
- sok z selera, jabłka i korzenia imbiru
- sok z selera, buraka i jabłka
- sok z trawy pszenicznej (zob. s. 29)
- sok z zielonego jęczmienia (zob. s. 30)
- zielony sok dr. Maksa Gersona (zob. s. 30–31)

SOK Z TRAWY PSZENICZNEJ

Trawa pszeniczna to bogate źródło chlorofilu i substancji odżywczych: aminokwasów, witamin i składników mineralnych. Zawiera również liczne enzymy: indol (chroniący przed nowotworami), dysmutazę nadtlenkową (neutralizującą wolne rodniki), katalazę (rozkładającą nadtlenek wodoru powodujący uszkodzenie komórek) oraz enzym PYD1 (który stymuluje naprawę cząsteczek uszkodzonego DNA).

Trawa pszeniczna jest dostępna w formie gotowych preparatów, ale można ją również wyhodować w domu, a następnie dodawać do soków lub innych potraw.

JAK WYHODOWAĆ TRAWĘ PSZENICZNĄ

1. Namaczaj nasiona trawy pszenicznej (można je kupić w sklepie ze zdrową żywnością) w letniej wodzie przez 10–12 godzin.
2. Odcedź nasiona i przez kolejne 2–3 dni przelewaj je wodą, aż pojawią się ogonki.
3. Do pojemnika wsyp 3–4 cm ziemi i wysiej na nią zakiełkowane nasiona. Całość zroś wodą.
4. Pozostaw hodowlę na kilka dni pod przykryciem (wystarczy ręcznik papierowy). Pamiętaj, by w pojemniku stale utrzymywać wilgoć.
5. Gdy pojawi się zielona trawa o wysokości 2 cm, postaw tackę z hodowlą w nasłonecznionym miejscu i codziennie podlewaj uprawę.
6. Trawę na sok można ściąć, gdy osiągnie 12–15 cm wysokości.

SOK Z TRAWY PSZENICZNEJ

PRZYGOTOWANIE

Sok z trawy pszenicznej można uzyskać za pomocą wyciskarki.

Dużą ilość trawy można także wsypać do niewielkiej ilości przegotowanej, letniej wody, a następnie całość zmiksować lub zblendować – trawa puści wówczas sok do wody. Tak powstałą mieszankę należy przecisnąć przez gazę, by oddzielić części stałe od soku.

SOK Z ZIELONEGO JĘCZMIENIA

Zielony młody jęczmień jest źródłem witamin z grupy B (B1, B2, B3 i B6) oraz C i E, beta-karotenu i składników mineralnych: żelaza, wapnia, magnezu i cynku. Dzięki dużej zawartości rozpuszczalnego błonnika pokarmowego przyspiesza metabolizm tłuszczu w organizmie i obniża stężenie cholesterolu we krwi. Jest również bogaty w aminokwasy egzogenne, których nasz organizm nie może wytworzyć samodzielnie. Ma silne właściwości przeciwutleniające, dzięki czemu działa przeciwzapalnie, przeciwnowotworowo i przeciwwirusowo. Jest pomocny w leczeniu zmian skórnych, trądziku, chorób sercowo-naczyniowych i cukrzycy. Łagodzi bóle żołądka i stawów, zmniejsza stany zapalne. Chlorofil zawarty w jego zielonych łodygach skutecznie wspomaga odkwaszenie organizmu i utrzymanie równowagi kwasowo-zasadowej.

Zielony jęczmień jest dostępny w formie proszku oraz rozdrobnionej trawy jęczmiennej.

PRZYRZĄDZANIE I SPOŻYWANIE JĘCZMIENIA

W poście Daniela proszek z zielonego jęczmienia można dodać do świeżo wyciśniętego soku z warzyw lub dozwolonych owoców, można go również rozpuścić w szklance chłodnej wody (wysoka temperatura niszczy zawarte w zielonym jęczmieniu witaminy i inaktywuje enzymy). Sok należy pić małymi łykami 20–30 min przed posiłkiem, najlepiej 2 razy dziennie. Szklanka wypita przed snem obniży zakwaszenie krwi i poprawi jakość snu.

Zielony jęczmień można także dodawać do zup o temperaturze nie wyższej niż 48°C oraz do surówek.

ZIELONY SOK DR. MAKSA GERSONA

Jest on wskazany szczególnie dla osób z osteoporozą, niskim poziomem hemoglobiny i niedoborami potasu i żelaza. Zawiera wapń w najbardziej przyswajalnej dla człowieka postaci. Jest bogaty w przeciwutleniacze, witaminę B, beta-karoten, kwas foliowy, błonnik, potas, żelazo i fosfor. Ma właściwości przeciwzapalne, a dzięki zawartości sulforafanu także przeciwnowotworowe.

Picie zielonego soku przez 5 dni odbudowuje krew, dostarcza organizmowi tlenu i energii, usuwa toksyny i alkalizuje pH krwi.

ZIELONY SOK DR. MAKSA GERSONA

Do przygotowania soku należy używać tylko świeżych, dostępnych w danym momencie produktów.
Po wyciśnięciu sok musi być natychmiast wypity, ponieważ bardzo szybko traci enzymy.

SKŁADNIKI
Sałata rzymska, jarmuż, liście czerwonej sałaty, endywii, eskarioli, 2 lub 3 liście czerwonej kapusty, wewnętrzne liście młodych buraków, liście zielonego buraka liściowego, ćwiartka małej zielonej papryki, rukiew wodna i jedno średnie jabłko.

KOKTAJL CHLOROFILOWY

Chlorofil jest barwnikiem występującym w większości roślin. To właśnie jemu niektóre warzywa i owoce zawdzięczają zielony kolor, a im są ciemniejsze, tym lepiej. Nazywany jest żywą krwią roślin, a budową cząsteczkową do złudzenia przypomina hemoglobinę w ludzkim ciele. Chlorofil potrafi zdziałać prawdziwe cuda. Przyrządzając koktajl chlorofilowy, zapewniamy naszemu ciału kompleksowe oczyszczenie, energię, wigor, usprawnione trawienie, odciążenie narządów i zwiększoną odporność.

KOKTAJL CHLOROFILOWY

SKŁADNIKI
Składniki chlorofilowego koktajlu (można dobierać dowolnie): zielona pietruszka, zielony seler, boćwina, kapusta, różne rodzaje sałat, szpinak (nie za dużo), mięta, pokrzywa, mniszek, ogórek, brokuły, brukselka, kabaczek, jarmuż, sałata rzymska, rukiew wodna, zielone części rzepy.

JAK DZIAŁA CHLOROFIL

- Oczyszcza organizm z toksyn i metali ciężkich.
- Reguluje perystaltykę jelit.
- Likwiduje stany zapalne i zmniejsza związany z nimi ból.
- Zwalcza bakterie chorobotwórcze.
- Stabilizuje ciśnienie krwi.
- Wzmacnia mięsień sercowy.
- Zwiększa odporność organizmu.
- Obniża poziom cukru we krwi.
- Eliminuje wolne rodniki i spowalnia proces utleniania się komórek.
- Zapobiega nowotworom.
- Zwiększa laktację.
- Zwiększa krzepliwość krwi.
- Łagodzi objawy astmy.

WERSJE ELIMINACYJNE DIETY WARZYWNO--OWOCOWEJ

W przypadku niektórych schorzeń, niepożądanych objawów oraz u osób z alergiami pokarmowymi wprowadza się odpowiednio dostosowane wersje eliminacyjne diety warzywno-owocowej.

W przypadku **cukrzycy** należy wykluczyć z jadłospisu warzywa, które po ugotowaniu mają podwyższone indeksy glikemiczne i zwiększają poziom cukru we krwi. Dotyczy to zwłaszcza marchwi, dyni, buraków, musu jabłkowego i soku z marchwi.

Osoby cierpiące na **nadciśnienie** i **obrzęki** nie powinny spożywać pokarmów z dużą ilością soli (np. ogórków kiszonych), ponieważ podnosi ona ciśnienie krwi, zatrzymuje wodę w organizmie i nasila obrzęki.

Osoby, które cierpią na **chorobę wrzodową żołądka lub przewodu pokarmowego** i źle tolerują surówki, nie powinny na początku kuracji spożywać surowych warzyw. Należy je zastąpić warzywami gotowanymi, zupami, jabłkami gotowanymi lub 2–3 szklankami soków dziennie przez 3 kolejne dni. U tych chorych po kilku dniach diety może wystąpić biegunka. Wówczas należy spożywać wyłącznie gotowaną marchew i marchwiankę (zob. s. 108), a następnie stopniowo wprowadzać dietę warzywno-owocową.

Jeśli w czasie kuracji pojawią się **uporczywe bóle brzucha**, **wzdęcia** z powodu złej tolerancji surówek lub **niechęć do samej diety**, warto zastosować trzy- lub czterodniową wersję:

- SOKOWĄ (soki warzywne i owocowe, woda, herbaty owocowe, ziołowe, wywary warzywne)

lub

- GOTOWANĄ (warzywa gotowane, zupy warzywne, jabłka gotowane).

Osoby z alergiami pokarmowymi (potwierdzonymi testami na alergie i nietolerancje pokarmowe) nie powinny przyjmować **pokarmów nietolerowanych** i **alergizujących**. Ich wprowadzenie może zaburzyć proces zdrowienia, a nawet spowodować nawrót choroby.

JAK DŁUGO POŚCIĆ

Czas trwania kuracji oczyszczającej zawsze należy rozważyć indywidualnie. Powinien on być dostosowany odpowiednio do wagi, wzrostu, wieku, ogólnego samopoczucia, zapotrzebowania energetycznego, stanu zdrowia i stopnia zatrucia organizmu danej osoby, spowodowanego wcześniejszym niewłaściwym trybem życia. Podejmując decyzję o podjęciu postu Daniela, uwzględnij rodzaj choroby, na którą cierpisz, i jej stadium. Jeśli przyjmujesz lekarstwa, skonsultuj się z lekarzem, zanim rozpoczniesz kurację.

- Minimalny czas trwania kuracji oczyszczającej wynosi 7–10 dni. Taką kurację można podejmować 2 razy w roku w warunkach domowych w ramach profilaktyki zdrowia. To odpowiedni czas, by nabrać doświadczenia i pewności siebie, nauczyć się wsłuchiwać we własny organizm i głos Ducha Świętego, nauczyć się podstawowych zasad przeprowadzania postu Daniela, po to by z czasem móc układać swój jadłospis samodzielnie.

- W większości przypadków i schorzeń najlepsze efekty przynosi dieta dwutygodniowa. Można ją stosować 4 razy w roku w regularnych odstępach.

- W chorobach zaawansowanych (choroba niedokrwienna serca, choroby zwyrodnieniowe stawów, autoimmunologiczne, np. gościec, toczeń) zaleca się stosowanie diety warzywno-owocowej w 2 cyklach po 6 tygodni w roku i 1 dzień w tygodniu na stałe.

- Osoby bardzo otyłe mogą stosować posty dłużej, ale z przerwami, np. w cyklu: 6 tygodni postu, 3 tygodnie zdrowej diety pełnowartościowej.

Szczególnie korzystne efekty można uzyskać dzięki systematycznym powrotom do diety warzywno-owocowej – np. podejmując ją 1 lub 2 razy w tygodniu (np. w środę i piątek), lub przez tydzień w każdym miesiącu. Lekarze fastoterapeuci za bardziej skuteczny w procesie zdrowienia uważają podejmowany systematycznie weekendowy post trzydniowy na bazie soków warzywnych niż post długoterminowy wykonywany sporadycznie.

Im krótszy post, tym częściej trzeba go powtarzać, ale im częściej stosuje się krótkie posty przypominające, tym szybciej przebiega proces oczyszczania organizmu, a dni postu przestają być uciążliwe i stają się przyjemne i wyczekiwane.

PRZEBIEG POSTU DANIELA – CZEGO SIĘ SPODZIEWAĆ

Najtrudniejsze są pierwsze dni kuracji, kiedy organizm przestawia się na **żywienie endogenne, wewnętrzne**. Jest to metoda naturalnego uzdrawiania, która zachodzi w organizmie wtedy, kiedy nie dostarczamy mu pokarmów z zewnątrz. Odżywia się on wówczas kosztem szkodliwych substancji, które gromadził przez lata w różnych miejscach naszego ciała, przyjmując nadmiar tłuszczu, białka, węglowodanów, wody i soli mineralnych. Celem odżywiania endogennego jest uzdrowienie organizmu i uwolnienie go od szkodliwych dla zdrowia substancji i tkanek poprzez ich spalanie i eliminację.

Zdrowe komórki są w czasie postu bezpieczne, gdyż organizm w pierwszej kolejności wykorzystuje te substancje, które są dla niego zbytecznym balastem.

Niebezpieczeństwo wykorzystania zdrowych komórek pojawia się u osób wychudzonych i jeśli post trwa zbyt długo – wówczas etap odżywiania wewnętrznego może przejść w wyniszczenie. Dlatego ważne jest, by przestrzegać zasad postu i obserwować sygnały wysyłane nam przez organizm (zob. zwłaszcza s. 37).

KRYZYSY OZDROWIEŃCZE

Prawie każdy w pierwszych dniach postu odczuwa głód o różnym nasileniu. Ośrodek głodu z czasem się jednak wyłącza. Trudniejsze do zniesienia mogą się okazać dolegliwości, które pojawiają się wraz z przestawieniem się organizmu na odżywianie wewnętrzne i uwalnianiem do krwi rozpuszczonych w tłuszczu toksyn (m.in. pestycydów, lekarstw). Nie należy wówczas przerywać kuracji, ponieważ dolegliwości te ustępują po 2–3 dniach. Naturalnym remedium są w takiej sytuacji regularne wypróżnienia – wraz z pozbyciem się ewentualnych zaparć wspomniane dolegliwości całkowicie ustępują.

Do najczęściej występujących dolegliwości należą bóle głowy, mdłości, nadmierna potliwość i zintensyfikowanie zapachu potu. Na języku może pojawić się brzydko pachnący biały nalot – świadczy on o uwalnianiu toksyn. Należy wówczas zwiększyć dbałość o higienę jamy ustnej – częściej myć zęby i stosować płyny do płukania jamy ustnej.

U niektórych osób mogą powrócić dolegliwości, które doskwierały im nawet w odległej przeszłości. Niekiedy pojawiają się choroby wieku dziecięcego, jak zapalenie uszu czy gardła, ból ręki złamanej przed laty, zawroty głowy po przebytym niegdyś wstrząśnieniu mózgu, bóle dziąseł, stawów czy anemia. Może się zdarzyć odnowienie ropnia w bliźnie po ranie, która zagoiła się 20 lat wcześniej, albo egzema skóry rąk, która nie przypominała o sobie już od 15 lat. Organizm osób, które cierpiały na przewlekłe infekcje bakteryjne, może zareagować uczuciem zimna lub gorączką i wytworzeniem obronnych przeciwciał. Zwykle podwyższona temperatura ulega po kilku dniach samoistnej normalizacji. W przypadku tego typu dolegliwości pomocna może się okazać lewatywa z kawy prawdziwej (zob. s. 36).

Podczas postu Daniela w wyniku niedoboru kalorycznego i większej dostępności do własnych przeżyć psychicznych mogą wystąpić także kryzysy emocjonalne.

Objawy kryzysów ozdrowieńczych są jednak krótkotrwałe i najczęściej nie wymagają leczenia. Są w większości wypadków „naocznym" dowodem oczyszczania się organizmu z toksyn i mobilizacji własnych mechanizmów samoleczenia.

UBYTEK MASY CIAŁA

Podczas kuracji oczyszczającej tracimy również zbędne kilogramy. Dzieje się to w zróżnicowanym tempie. W pierwszych dniach postu utrata wagi może wynosić nawet do 1 kg dziennie z powodu usuwania przez organizm dużej ilości wody. Średnio w trakcie kuracji traci się 400 g na dobę, w ostatnich dniach postu wynik ten zmniejsza się do 100–200 g na dobę.

Osoby szczupłe, których waga mieści się w normie, tracą w ciągu dwutygodniowego postu 1–3 kg. W przypadku osób z nadwagą i otyłych średni spadek masy ciała w tym samym okresie wynosi 5–7 kg.

ZAPARCIA

Zaparcia są w diecie warzywno-owocowej bardzo istotnym zagadnieniem. Niektórzy cierpią na nie, rozpoczynając post, ale są też osoby, u których zaparcia pojawiają się w pierwszych dniach po jego podjęciu. Warto im zaradzić choćby dlatego, że wraz z uregulowaniem wypróżnień ustępują nieprzyjemne dolegliwości związane z uwalnianiem toksyn, nie odczuwa się głodu ani osłabienia.

Z zaparciami można sobie poradzić, pijąc więcej ciepłej wody albo zalane wrzątkiem nasiona siemienia lnianego. Dobrze działa również zakwas buraczany, woda z ogórków kiszonych i sok z kapusty kiszonej. Można również stosować zioła przeczyszczające (raphacholin, rzewień) lub hydrokolonoterapię.

Osobom, którym podczas postu towarzyszy gorsze samopoczucie z powodu zaparć, poleca się stosowanie lewatywy z kawy prawdziwej metodą dr. Maksa Gersona.

LEWATYWA Z KAWY PRAWDZIWEJ

Zabieg ten, zdaniem dr. Maksa Gersona, oczyszcza pęcherzyk i drogi żółciowe i jest szczególnie wskazany dla osób w pierwszym stadium chorób nowotworowych nieleczonych chemio- ani radioterapią, a także w innych chorobach przewlekłych.

SKŁADNIKI

- 3 łyżki organicznej, zmielonej, lekko lub średnio palonej kawy
- 1 l filtrowanej lub destylowanej wody

SPOSÓB PRZYGOTOWANIA

Zagotuj wodę, dodaj kawę, gotuj ok. 3 min. Zdejmij garnek z ognia, odczekaj chwilę i ponownie zagotuj. Gotuj na wolnym ogniu pod przykryciem przez 15 min. Ostudź i przecedź (najlepiej przez czystą, białą, lnianą lub nylonową szmatkę). Sprawdź ilość płynu po przecedzeniu i dopełnij wodą do 1 l. Temperatura roztworu powinna być taka sama jak temperatura ciała.

WYKONANIE ZABIEGU

Do lewatywy należy ułożyć się na prawym boku i lekko ugiąć kolana. Rozwór wlać do jelita i utrzymać w nim 12–15 min. Kofeina znieczula jelito, ułatwiając w ten sposób utrzymanie płynu. Taką lewatywę warto wykonywać codziennie przez 7–10 dni. Po lewatywie wypij jeden z soków warzywno-owocowych (ich listę znajdziesz na s. 28).

WZDĘCIA, KOLKI, SKURCZE JELIT

W przypadku wzdęć, skurczów jelit, kolek wskazane jest stosowanie diety sokowej (pozbawionej błonnika).

Jeśli ten problem dotyczy także ciebie, codziennie na czczo wypijaj 1–2 szklanki soku warzywnego. Może to być sok z zielonej papryki i zielonego ogórka, sok pomidorowy albo z białej rzodkwi.

Skup się na tym, aby pokarm, który będziesz przyjmować po wypiciu soków, przede wszystkim bardzo dobrze żuć i łączyć ze śliną – trawienie zaczyna się już w jamie ustnej. Dokładne żucie pokarmów również zapobiega wzdęciom.

Do pokarmów dodawaj zmielony kminek z majerankiem. Nie łącz warzyw z owocami. Owoc spożywaj godzinę po posiłku. Nie popijaj w trakcie posiłku.

Jeśli mimo wszystko odczuwasz duży dyskomfort, możesz wykonać lewatywę.

KIEDY NALEŻY PRZERWAĆ POST

O tym, kiedy należy zakończyć post, poinformuje cię twój organizm. Sygnały fizjologiczne kończące kurację oczyszczającą można podzielić na dwie grupy: pozytywne i negatywne.

SYGNAŁY POZYTYWNE

Oznaczają, że organizm jest oczyszczony i można przerwać dietę. Należą do nich:

- brak nalotu na języku i zębach,
- przyjemny zapach wydychanego powietrza.

SYGNAŁY NEGATYWNE

Oznaczają, że kurację należy bezwzględnie przerwać. Zwykle są efektem zbyt długiego stosowania diety warzywno-owocowej. Należą do nich:

- zaburzenia koncentracji uwagi,
- zaburzenia snu,
- nadmierna nerwowość,
- duże osłabienie,
- uczucie silnego głodu.

Zanim zaczniesz

Na początek przygotuj swój organizm. Zacznij kilka dni przed rozpoczęciem diety i stopniowo ograniczaj wielkość posiłków, wyklucz z codziennego menu wędliny, mięso, słodycze i alkohol, zmniejsz do minimum spożycie soli, kawy prawdziwej i czarnej herbaty, wzbogać za to dietę o warzywa i owoce. Dzięki temu łatwiej będzie Ci wytrwać podczas postu.

POST DANIELA WARTO DOBRZE ZAPLANOWAĆ

Przygotuj swoją spiżarnię. Ogórki, kapusta i buraki potrzebują około tygodnia, aby dobrze się ukisić (przepisy znajdziesz na ss. 43–44). Warto też z wyprzedzeniem kupić warzywa na pierwsze 2 dni kuracji i zapas wody mineralnej z podwyższoną zawartością magnezu (taka woda oraz zielone warzywa zapobiegają odwapnieniu organizmu i zaburzeniom elektrolitowym podczas trwania postu) oraz herbat ziołowych: z melisy, rumianku, mięty, lipy, dziurawca, kopru włoskiego. Podczas postu Daniela można pić również herbaty owocowe, herbatę zieloną, białą i rooibos.

Zadbaj, aby w czasie kuracji nie wykonywać ciężkiej pracy fizycznej, gdyż nadmierny wysiłek nie jest wskazany w trakcie postu. Staraj się unikać sytuacji stresogennych, a przede wszystkim bądź pozytywnie nastawiony do kuracji. Wielkim wsparciem w jej trakcie jest codzienna modlitwa.

Nie zapominaj również o codziennej aktywności fizycznej. Jest ona niezbędna, by utrzymać dobrą kondycję psychofizyczną organizmu, właściwą siłę i sprężystość mięśni oraz prawidłowe wypróżnianie się. Pamiętaj jednak, by nie przesadzić z jej intensywnością. Doskonale sprawdzą się szybkie spacery, nordic walking, gimnastyka, pływanie lub jazda na rowerze.

Ogólne zasady przygotowywania posiłków w poście Daniela

- Kupuj warzywa i owoce sezonowe, najlepiej z upraw ekologicznych. Wszystkie należy dokładnie myć, obierać i przygotowywać krótko przed spożyciem.
- Surówki mogą składać się z jednego lub kilku składników. Powinny zawierać rośliny nadziemne i podziemne.
- Zawsze spożywaj warzywa surowe przed gotowanymi.
- Codziennie spożywaj pokarmy zawierające bakterie kwasu mlekowego, np. ogórki kiszone, kapustę kiszoną, zakwas buraczany, oraz czosnek i chrzan.
- Możesz doprawiać potrawy niewielką ilością soli himalajskiej.

Warzywa i owoce można spożywać w postaci:

- prasowanek z surowych warzyw; dostarczają one najwięcej witamin, enzymów, błonnika i składników odżywczych,
- soków z warzyw i owoców,
- surówek warzywnych, surowych zup warzywnych,
- warzyw gotowanych, duszonych,
- warzyw kiszonych, które dzięki wysokiej zawartości błonnika i żywych enzymów regulują florę bakteryjną jelit,
- wywarów z warzyw.

Napoje

- Codziennie należy pić zakwas buraczany oraz świeżo wyciskane soki warzywno-owocowe.
- Świeżo wyciskane soki, które będziesz spożywać do śniadania i kolacji, możesz rozcieńczać niedużą ilością ciepłej wody – tak aby ich temperatura nie przekroczyła 40°C.
- Aby ugasić pragnienie, możesz pić wodę z dodatkiem soku z cytryny i szczyptą soli himalajskiej, naturalne herbatki ziołowe, owocowe, zielone, białe, kawę zbożową w małych ilościach oraz niegazowaną wodę mineralną z podwyższoną zawartością magnezu (1,5–2 l na dobę).
- Nie pij wody przed snem, aby uniknąć zakłócania odpoczynku nocnym wstawaniem.

AKCESORIA, KTÓRE MOGĄ SIĘ PRZYDAĆ W KUCHNI

Do przeprowadzenia postu nie będziesz potrzebować arsenału akcesoriów, wystarczy podstawowe wyposażenie kuchni. Jeśli jednak lubisz nowinki, poniższa lista może okazać się przydatna.

- blacha do pieczenia
- blender lub malakser
- deska do krojenia warzyw drewniana lub plastikowa koloru białego
- drewniana łyżka do mieszania potraw
- garnek do gotowania na parze lub parowar
- garnek do gotowania zupy, bigosu, gulaszu: żeliwny, ze stali nierdzewnej,
- kiełkownica
- krajalnica do warzyw i owoców
- młynek lub nożyce do rozdrabniania świeżych ziół
- naczynie żaroodporne
- nóż do krojenia warzyw
- obieraczka do warzyw i owoców
- obieraczka do julienne
- praska do czosnku
- ręcznik papierowy
- rękawice kuchenne
- sitko i cedzak
- słoiki, garnek gliniany lub kamionkowy, beczka do kiszenia
- tarka
- wirówka do sałaty
- wyciskacz do cytrusów
- wyciskarka do warzyw i owoców lub sokowirówka

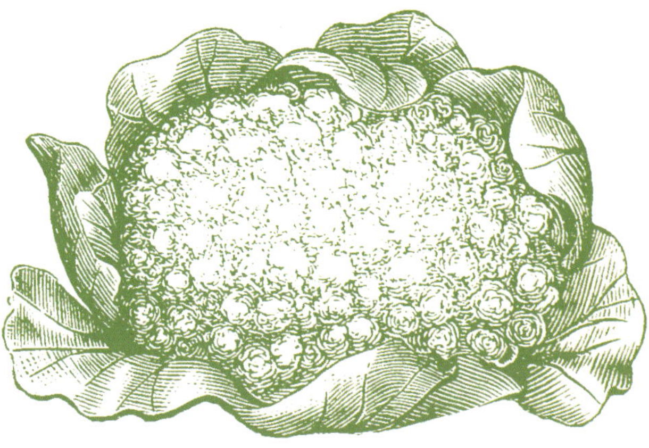

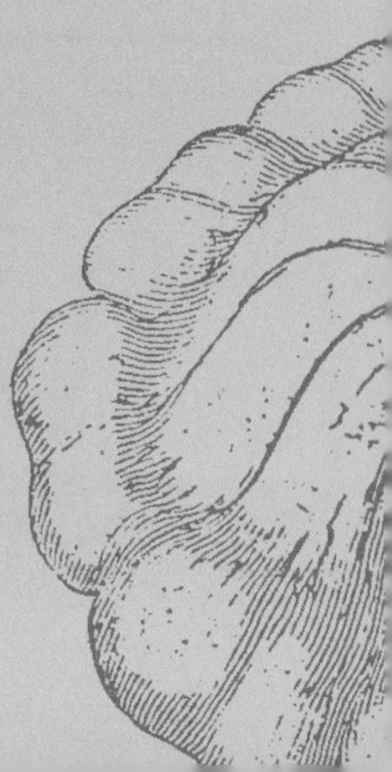

14 dni dla ciała

PAMIĘTAJ, ABY ZAWSZE JEŚĆ WARZYWA SUROWE PRZED GOTOWANYMI

ŚNIADANIE	sok: 150 ml
	zakwas buraczany podgrzany do temperatury 40°C: 200 ml
	surówki
	gotowane warzywa
	owoc
OBIAD	kompot: 220 ml
	surówki
	gotowane warzywa
	zupa
	owoc
KOLACJA	sok: 150 ml
	surówki
	gotowane warzywa
	owoc

Jeśli wyłączy się Twój ośrodek głodu i nie będziesz mieć apetytu, możesz pić soki 3–10 dni.

ŚNIADANIE:

2 różne soki warzywne po 150 ml każdy

OBIAD

kompot bez cukru: 220 ml

wywar z zupy: 300 ml

KOLACJA

2 różne soki warzywne po 150 ml każdy

WARZYWA

Wiele warzyw można stosować wymiennie bez szkody dla smaku potraw i ich wartości odżywczych.

niedostępne warzywa sezonowe (brokuły, brukselka itp.)	⟷	warzywa mrożone
biała i czarna rzepa	⟷	biała rzodkiew lub brukiew
kabaczek	⟷	cukinia
sałata rzymska	⟷	kapusta pekińska, sałata lodowa, jarmuż

Świeże jarzyny **zawsze należy obierać**. Nawet bardzo dokładne wyszorowanie warzyw ekologicznych może się okazać niewystarczające i narazić nas na infekcje pasożytnicze. Przed obraniem warzywa warto **wymoczyć w wodzie z dodatkiem octu jabłkowego i probiotyków**. Zawarte w nich „dobre bakterie" znajdują się także w kiszonkach – do wody, w której moczymy warzywa, należy dolać żywy kwas mlekowy z soku z ogórków kiszonych lub kapusty kiszonej. Warzywa powinny pozostać w takim roztworze 20–30 min.

Im krócej gotowane są warzywa, tym więcej zachowują witamin i substancji odżywczych. Są też smaczniejsze i bardziej apetyczne, bo zachowują żywy kolor. Najlepiej **gotować warzywa na parze** (w parowarze albo garnku z sitkiem) lub w małej ilości wody **na półtwardo (al dente)**. Najlepiej kroić je dopiero po ugotowaniu, warto też dekorować potrawy zieloną pietruszką, koperkiem, rukolą, roszponką albo szczypiorem.

W wielu przepisach nie zostały podane ilości warzyw. To nie przypadek – ich proporcje można dowolnie zmieniać, dobierać według gustu.

OWOCE

W sezonie letnim podczas postu Daniela oprócz jabłek, grejpfrutów i kiwi można dodatkowo spożywać niewielkie ilości owoców jagodowych: truskawek, malin, porzeczki czerwonej i czarnej, agrestu, borówek oraz jagód. Zimą można gotować kompoty z mrożonych owoców jagodowych.

Soki zawsze należy przygotowywać świeże.

Do podgrzewania potraw **nie należy używać kuchenek mikrofalowych**. Przyrządzone w nich potrawy są bowiem pozbawione wartości odżywczych. Napromieniowanie niszczy witaminy i enzymy zawarte w pożywieniu, a białka rozbija na bezwartościowe dla organizmu. Wywołuje to zakłócenie funkcjonowania układu pokarmowego i limfatycznego, krótko mówiąc: osłabienie odporności.

Na stole powinny znaleźć się **kiełki brokuła, rzodkiewki i lucerny** do posypywania surówek (dostarczą one dodatkowo prawdziwej bomby witamin) oraz **ocet jabłkowy** z upraw ekologicznych. Ma on bardzo istotne właściwości prozdrowotne: zawiera liczne witaminy, m.in. A, C, E oraz witaminy z grupy B i minerały, m.in. potas, magnez, żelazo, miedź, krzem, a także enzymy, fitozwiązki, kwasy, m.in. mlekowy, octowy i jabłkowy, oraz pektyny. Ocet jabłkowy jest lekko alkalizujący, co ma korzystny wpływ na gospodarkę kwasowo-zasadową organizmu. Dzienna porcja octu jabłkowego to 2 łyżki; można go dodawać do sałatek, surówek i warzyw gotowanych.

Przepisy podstawowe

SOK WITAMINOWY

SKŁADNIKI

- 3 średnie marchewki
- 1 burak
- ½ selera

SPOSÓB PRZYGOTOWANIA

Ten sok najlepiej przyrządzić w wyciskarce. Warzywa muszą być dobrze umyte i obrane.

ZAKWAS BURACZANY

SKŁADNIKI

- 2½ kg buraków
- 3 l wody
- 5 ząbków czosnku
- majeranek
- kminek mielony (opcjonalnie)
- ½ łyżeczki soli himalajskiej

SPOSÓB PRZYGOTOWANIA

Przygotuj duże naczynie – szklane, kamienne, emaliowane lub ze stali nierdzewnej. Buraki dokładnie wyszoruj, obierz, pokrój w plastry, ułóż w naczyniu i zalej przegotowaną, ciepłą wodą, tak aby wszystkie były przykryte. Dodaj przyprawy oraz czosnek i postaw na 5–6 dni w bardzo ciepłym, ciemnym miejscu. Jeśli temperatura pomieszczenia, w której znajduje się zakwas, jest niska, czas kiszenia wynosi 7–14 dni. Po 2–3 dobach w naczyniu pojawi się piana – zbierz ją czystą drewnianą łyżką, a następnie zamieszaj całość. Na koniec kiszenia odcedź buraki, przelej zakwas do zakręcanych słoików i wstaw do lodówki. Jeśli pojawi się pleśń – wylej zakwas i zrób od nowa.
Do zakwasu najlepiej nadają są buraki długie, bardzo ciemne – mają nie tylko piękny kolor, ale też mocniejszy zapach niż buraki okrągłe i są od nich dużo słodsze. Do kiszenia możesz dodać także marchew, pietruszkę, ziele angielskie i liść laurowy.
Spożywając zakwas podczas diety, możesz doprawiać go tuż przed wypiciem majerankiem, kminkiem mielonym, cząbrem, solą himalajską oraz czosnkiem.

KAPUSTA KISZONA

SKŁADNIKI

- 6–8 kg białej kapusty
- 1 kg marchwi
- 6–8 łyżek soli himalajskiej (1 łyżka na 1 kg kapusty)
- 2 łyżki kminku całego

SPOSÓB PRZYGOTOWANIA

Poszatkuj kapustę i marchew na wióry o grubości 2–4 mm. Wymieszaj kapustę, marchew, sól i kminek (opcjonalnie) w dużej misce.

Przełóż tak przygotowaną kapustę do naczynia, w którym będziesz ją kisić, przykryj talerzem i dociśnij w taki sposób, aby kapusta była zakryta sokiem (jako ciężarek doskonale sprawdza się słoik z wodą lub kamień). Jeśli nie pojawi się sok, w kiszonce może rozwinąć się pleśń niszcząca kwas mlekowy i sprzyjająca gniciu. Jeśli soku będzie zbyt mało, dodaj do kapusty przegotowaną, zimną, osoloną wodę (10–20 g soli na 1 l wody). Po 3 dniach fermentacji zdejmij z kapusty ciężarek, pokrywę i za pomocą drewnianego tłuczka lub ostro zakończonego kija zrób w kapuście otwory, aby się odgazowała – w ten sposób pozbędziesz się jej gorzkiego i piekącego smaku. Odstaw kapustę w ciepłe miejsce (idealna temperatura to 18–22°C) na 10 dni. Następnie przenieś kapustę w miejsce chłodne i ciemne (temp. 8–10°C).

Po upływie mniej więcej 14 dni kapusta będzie już w pełni ukiszona!

OGÓRKI KISZONE

SKŁADNIKI

- 2 kg ogórków
- ok. 5 cm korzenia chrzanu
- 5 ząbków czosnku
- suszony koper
- 3 płaskie łyżki soli himalajskiej

SPOSÓB PRZYGOTOWANIA

Ogórki ułóż w słoju (lub kamiennym garnku, beczce), dodaj chrzan, czosnek, koper i zalej 1,5 l przegotowanej i ostudzonej wody z dodatkiem soli. Zakręć słoik. Wystarczy około 7 dni, by ogórki się ukisiły.

BAZA ZUP JARZYNOWYCH

PODSTAWOWE SKŁADNIKI

- cebula
- marchew
- pietruszka
- seler
- por
- przyprawy, np. liść laurowy, ziele angielskie, czosnek

SPOSÓB PRZYGOTOWANIA

Warzywa zalej wrzącą wodą, dodaj przyprawy i gotuj do miękkości. Jest to podstawowa baza do przygotowania innych zup, np. ogórkowej (wystarczy dodać pokrojone ogórki kiszone), kalafiorowej, brokułowej, cebulowej (dodaj więcej cebuli), pomidorowej (z dodatkiem pomidorów i przecieru pomidorowego), barszczu czerwonego (dodaj buraki i zakwas buraczany do smaku), kapuśniaku (z pokrojoną kapustą kiszoną).

Zupę powstałą na bazie podstawowego przepisu możesz także zmiksować na krem.

DOMOWY PRZECIER POMIDOROWY

SKŁADNIKI

- 2 kg pomidorów malinowych ze skórką lub innych nieuszkodzonych
- 2–3 ząbki czosnku
- oregano lub bazylia
- 2–3 łyżeczki soli himalajskiej

SPOSÓB PRZYGOTOWANIA

Pomidory umyj i pokrój w kostkę. Czosnek obierz i pokrój na plasterki. Połącz wszystkie składniki i zmiksuj blenderem. Jeśli chcesz, by przecier był gładki, przetrzyj go dodatkowo przez sito.

FARSZ JARZYNOWY DO PAPRYKI, POMIDORÓW, BURAKÓW I GOŁĄBKÓW

SKŁADNIKI

- marchew
- seler
- pietruszka
- cebula
- por
- sól himalajska, przyprawy

SPOSÓB PRZYGOTOWANIA

Warzywa w dowolnych proporcjach ugotuj na parze lub w niewielkiej ilości wody z dodatkiem soli. Zmiksuj i dopraw dowolnymi przyprawami, np. bazylią, pieprzem czarnym lub ziołowym, czerwoną lub zieloną czubrycą.

PURÉE Z WARZYW

SKŁADNIKI

- marchew
- pietruszka
- seler
- cebula
- dynia
- kalarepa
- kolendra i sól himalajska

SPOSÓB PRZYGOTOWANIA

Warzywa w dowolnych proporcjach pokrój, zalej małą ilością wrzącej wody, delikatnie przypraw. Gotuj do miękkości, a następnie zmiksuj. Podawaj posypane zieleniną.

MAJONEZ WARZYWNY

SKŁADNIKI

- pietruszka gotowana
- surowa cukinia
- surowe jabłko
- sok z cytryny
- kurkuma, czosnek, pieprz i sól himalajska

SPOSÓB PRZYGOTOWANIA

Cukinię i jabłko obierz ze skórki. Wszystkie warzywa pokrój na kawałki, wymieszaj i zmiksuj. Na koniec dopraw do smaku.

MAJONEZ Z KALAFIORA

SKŁADNIKI

- kalafior
- sól himalajska, pieprz czarny, kurkuma

SPOSÓB PRZYGOTOWANIA

Kalafior ugotuj do miękkości i zmiksuj. Dopraw do smaku.

LECZO WARZYWNE

SKŁADNIKI

- 1 duża cukinia
- po 1 średniej papryce każdego koloru
- 2 cebule
- 5–7 świeżych pomidorów lub puszka całych w sosie własnym
- koncentrat pomidorowy
- sól himalajska, pieprz, ostra i słodka papryka, papryka wędzona, zioła prowansalskie

SPOSÓB PRZYGOTOWANIA

W dużym garnku zeszklij w wodzie pokrojoną w piórka cebulę. Dodaj pokrojoną w paski paprykę oraz i cukinię pokrojoną w dużą kostkę. Dolej nieco wody i gotuj na małym ogniu pod przykryciem 15–20 min. Na koniec dodaj pokrojone w dużą kostkę pomidory, słodką i ostrą paprykę oraz szczyptę papryki wędzonej i ziół prowansalskich. Gotuj jeszcze ok. 5 min. Dopraw solą i pieprzem do smaku.

Menu 14-dniowe

Dzień 1

ROZWAŻANIE NA 1 DZIEŃ POSTU
STRONA 120

Śniadanie:

SOK zielony z jarmużu, sałaty rzymskiej, natki pietruszki, jabłka i korzenia imbiru (zob. s. 31)

ZAKWAS BURACZANY

SURÓWKA I: zielony ogórek, cebula, rzodkiewka i seler naciowy z dodatkiem octu jabłkowego

SURÓWKA II: biała rzodkiew starta z marchewką i jabłkiem, udekorowana rukolą

GOTOWANE WARZYWA: brokuł ugotowany al dente, posypany szczypiorem i kiełkami brokuła

OWOC: ½ grejpfruta

Obiad:

KOMPOT z jabłek z goździkami i cynamonem

SURÓWKA I: sałata lodowa z pomarańczą

SURÓWKA II: pomidor z cebulką, lekko posolony i oprószony pieprzem ziołowym

GOTOWANE WARZYWA: cukinia pokrojona w plastry z dodatkiem przetartego czosnku i czerwonej papryki w proszku

ZUPA: ogórkowa z koperkiem (zob. s. 49)

OWOC: ½ mandarynki

Kolacja:

SOK pomidorowy

SURÓWKA I: ogórek kiszony pokrojony w półplasterki z cebulą

SURÓWKA II: tarte gotowane buraki z dodatkiem chrzanu

GOTOWANE WARZYWA: kalarepa pokrojona na ćwiartki z koperkiem

OWOC: ½ kiwi

Dzień 2

ROZWAŻANIE NA 2 DZIEŃ POSTU
STRONA 124

Śniadanie:

SOK z zielonej pietruszki, jarmużu, grejpfruta i korzenia imbiru

ZAKWAS BURACZANY

SURÓWKA I: kapusta kiszona, tarte marchewka i jabłko, drobno pokrojona cebula z dodatkiem natki pietruszki

SURÓWKA II: kalarepa starta z jabłkiem i marchewką z dodatkiem roszponki

GOTOWANE WARZYWA: kalafior i brokuł gotowany na parze lub w piecu konwekcyjno-parowym posypany szczypiorem

OWOC: jabłko

BIGOS Z CZERWONEJ KAPUSTY ZE ŚLIWKĄ KALIFORNIJSKĄ

SKŁADNIKI

- czerwona kapusta
- woda
- sól himalajska, pieprz, sok z cytryny
- śliwka kalifornijska

SPOSÓB PRZYGOTOWANIA

Kapustę wypłucz i poszatkuj. Ugotuj do miękkości i odcedź. Zakwaś sokiem z cytryny. Dodaj przyprawy i pokrojoną śliwkę.

Obiad:

KOMPOT z jabłek z goździkami

SURÓWKA I: drobno pokrojona kapusta pekińska z rzodkiewką i porem, pieprz ziołowy, szczypta soli himalajskiej

SURÓWKA II: brokuł ugotowany al dente, zielony ogórek pokrojony w kostkę, rozdrobniony czosnek

GOTOWANE WARZYWA: gotowana kapusta kiszona z marchewką i dodatkiem szczypioru

ZUPA: pomidorowa (zob. s. 49)

OWOC: ½ kiwi

Kolacja:

SOK warzywny z białej kapusty, zielonego ogórka i natki pietruszki

SURÓWKA I: surowy kalafior zmiksowany z jabłkiem, ogórkiem kiszonym i natką pietruszki

SURÓWKA II: biała rzodkiew starta z marchewką i jabłkiem z dodatkiem soku z cytryny

GOTOWANE WARZYWA: BIGOS Z CZERWONEJ KAPUSTY ZE ŚLIWKĄ KALIFORNIJSKĄ

OWOC: ½ granatu

Dzień 3

ROZWAŻANIE NA 3 DZIEŃ POSTU
STRONA 128

PAPRYKA NADZIEWANA SZPINAKIEM

SKŁADNIKI

- papryka czerwona lub żółta (1–2 sztuki)
- cebula, czosnek świeży
- szpinak świeży lub mrożony (ok. 300 g)
- sok z cytryny
- sól himalajska, pieprz, ulubione zioła

SPOSÓB PRZYGOTOWANIA

Rozgrzej piekarnik do 175°C. Cebulę i czosnek obierz, pokrój w drobną kostkę, lekko posól i uduś w małej ilości wody. Dodaj szpinak lekko skropiony sokiem z cytryny (dla zachowania żywego koloru) i lekko podgrzewaj, mieszając do czasu, aż szpinak zmięknie. Dopraw do smaku. Papryki umyj, obetnij w poprzek czubki i dokładnie usuń gniazda nasienne. Wypełnij farszem i przykryj odciętym czubkiem. Wstaw do naczynia żaroodpornego, podlej małą ilością wody i zapiekaj w piekarniku 20–30 min.

Śniadanie:

SOK z jarmużu, sałaty rzymskiej, natki pietruszki, jabłka i korzenia imbiru

ZAKWAS BURACZANY

SURÓWKA I: ogórek kiszony pokrojony w półplasterki, cebula pokrojona w piórka i czerwona papryka pokrojona w słupki

SURÓWKA II: seler starty z jabłkiem z dodatkiem soku z cytryny i natki pietruszki

GOTOWANE WARZYWA: biała rzodkiew pokrojona w dużą kostkę, gotowana z wegetą i udekorowana szczypiorem

OWOC: ½ kubeczka malin

Obiad:

KOMPOT z owoców leśnych

SURÓWKA I: marchew z jabłkiem starte na drobnych oczkach z dodatkiem soku z cytryny i rukoli

SURÓWKA II: sałata lodowa, ogórek kiszony, pomidor i cebula

GOTOWANE WARZYWA: PAPRYKA NADZIEWANA SZPINAKIEM

ZUPA: brokułowa (zob. s. 49)

OWOC: ½ grejpfruta

Kolacja:

SOK jabłkowo-miętowy

SURÓWKA I: kabaczek starty z jabłkiem, posypany natką pietruszki

SURÓWKA II: drobno starta biała rzepa, sałata lodowa, pokrojona w kostkę papryka z odrobiną soli himalajskiej i octu jabłkowego

GOTOWANE WARZYWA: BIGOS JARSKI

OWOC: ½ kiwi

BIGOS JARSKI

SKŁADNIKI

- kapusta włoska lub biała
- marchew
- cebula
- domowy przecier pomidorowy (zob. s. 49)
- koperek
- sól himalajska i pieprz ziołowy
- woda

SPOSÓB PRZYGOTOWANIA

Kapustę poszatkuj, marchew zetrzyj na tarce o grubych oczkach, cebulę pokrój w drobną kostkę. Ugotuj kapustę z marchewką. Gdy warzywa zmiękną, dodaj cebulę, przecier pomidorowy oraz przyprawy i gotuj jeszcze chwilę.

Dzień 4

ROZWAŻANIE NA 4 DZIEŃ POSTU
STRONA 130

Śniadanie:

SOK z zielonej pietruszki, rukoli, jabłka, kiwi i korzenia imbiru

ZAKWAS BURACZANY

SURÓWKA I: kapusta pekińska z odrobiną pomarańczy

SURÓWKA II: kapusta kiszona, marchew, cebula i jabłko posypane natką pietruszki

GOTOWANE WARZYWA: POMIDORY FASZEROWANE SZPINAKIEM

OWOC: jabłko

POMIDORY FASZEROWANE SZPINAKIEM

SKŁADNIKI

- 2–3 pomidory
- 2–3 ząbki czosnku
- 300 g szpinaku świeżego lub mrożonego
- sok z cytryny
- mały liść jarmużu
- sól himalajska, pieprz

SPOSÓB PRZYGOTOWANIA

Rozgrzej piekarnik do 170°C. Pomidory umyj i odkrój górną część. Łyżką usuń gniazda nasienne. W garnku w małej ilości wody uduś czosnek. Dodaj szpinak i 3–4 krople soku z cytryny dla zachowania zielonego koloru szpinaku. Gdy szpinak zmięknie, dopraw go do smaku.
Tak przygotowanym farszem nadziewaj pomidory. Przykryj kapeluszem, wstaw do naczynia żaroodpornego z niewielką ilością wody i zapiekaj w piekarniku 15–20 min.
Podawaj na liściu jarmużu.

Obiad:

KOMPOT z owoców leśnych z laską cynamonu

SURÓWKA I: zielony ogórek, cebula, koperek

SURÓWKA II: tarty gotowany burak z chrzanem

GOTOWANE WARZYWA: kalafior ze szczypiorem

ZUPA: KAPUŚNIAK Z KISZONEJ I BIAŁEJ KAPUSTY

OWOC: MUS Z KIWI, JABŁKA I TRUSKAWEK

MUS Z KIWI, JABŁKA I TRUSKAWEK

SKŁADNIKI
- jabłko
- kiwi
- 100 g świeżych lub rozmrożonych truskawek

SPOSÓB PRZYGOTOWANIA

Jabłko i kiwi obierz ze skórki, pokrój na małe kawałki. Jeden plasterek kiwi zostaw do dekoracji. Dodaj truskawki. Zmiksuj owoce blenderem na puszysty mus.

KAPUŚNIAK Z KISZONEJ I BIAŁEJ KAPUSTY

SKŁADNIKI
- 300–400 g kapusty kiszonej
- 200–300 g kapusty białej
- marchew, pietruszka, seler
- 2 cebule
- 3 ząbki czosnku
- kilka ziaren ziela angielskiego
- 2–3 liście laurowe
- sól himalajska, pieprz, majeranek, kminek

SPOSÓB PRZYGOTOWANIA

Włoszczyznę umyj i pokrój w kostkę. W garnku z małą ilością wody uduś jedną pokrojoną cebulę z czosnkiem. Dopełnij wodą, włóż włoszczyznę, ziele angielskie, liście laurowe i gotuj 10 min. Dodaj pokrojone kapusty i drugą cebulę obsmażoną na suchej patelni. Gotuj na małym ogniu 30–40 min. Dopraw solą, pieprzem, majerankiem i kminkiem. Udekoruj na talerzu natką pietruszki.

Kolacja:

SOK agrestowo-jabłkowy

SURÓWKA I: dynia lub marchew starta na tarce o drobnych oczkach z dodatkiem soku z cytryny i rukoli

SURÓWKA II: por pokrojony w talarki, ogórek kiszony pokrojony w półplasterki, czerwona papryka pokrojona w kostkę z dodatkiem kiełków lucerny

GOTOWANE WARZYWA: purée z marchewki, pietruszki, selera i cebuli z odrobiną soli himalajskiej i kolendry

OWOC: ½ kiwi lub 3 śliwki

ROZWAŻANIE NA 5 DZIEŃ POSTU
STRONA 133

Śniadanie:

SOK z grejpfruta

ZAKWAS BURACZANY

SURÓWKA I: purée z gotowanej pietruszki i tartego jabłka udekorowane natką pietruszki

SURÓWKA II: kapusta włoska, zielony ogórek, cebula, koperek, sól himalajska i ocet jabłkowy

GOTOWANE WARZYWA: gotowany kabaczek pokrojony w grubsze plastry, udekorowany czerwoną, zieloną i żółtą papryką i rozdrobnionym czosnkiem

OWOC: jabłko

Obiad:

KOMPOT z jabłek z goździkami

SURÓWKA I: chipsy z białej rzodkwi, marchwi, cukinii i jabłka udekorowane jarmużem

SURÓWKA II: czerwona kapusta gotowana z dodatkiem niewielkiej ilości pomarańczy i soku z cytryny

GOTOWANE WARZYWA: pokrojona na połówki lub ćwiartki gotowana kalarepa z dodatkiem wegety, posypana szczypiorem

ZUPA: Z DYNI HOKKAIDO

OWOC: ½ mandarynki lub ½ kubeczka jagód

ZUPA Z DYNI HOKKAIDO

SKŁADNIKI

- dynia Hokkaido
- marchew
- pietruszka
- por
- kapusta włoska
- korzeń imbiru lub gałka muszkatołowa, lub cynamon
- sól himalajska, pieprz ziołowy i wegeta

SPOSÓB PRZYGOTOWANIA

Dynię dobrze wyszoruj i pokrój na kawałki bez obierania jej ze skóry. Pozostałe warzywa obierz i również pokrój na kawałki. Połącz warzywa w garnku, zalej wrzątkiem i gotuj na małym ogniu 20 min. Gdy zmiękną, dopraw zupę solą i pozostałymi przyprawami. Na koniec zmiksuj zupę na krem.

Kolacja:

SOK brokułowo-jabłkowy

SURÓWKA I: pomidor pokrojony w ćwiartki, ogórek kiszony pokrojony w półplasterki z dodatkiem szczypiorku

SURÓWKA II: tarta biała rzodkiew z marchewką, sokiem z cytryny i rukolą

GOTOWANE WARZYWA:
GOŁĄBKI Z KAPUSTY WŁOSKIEJ NADZIEWANE WARZYWAMI

OWOC: MUS JABŁKOWY Z CYNAMONEM

MUS JABŁKOWY Z CYNAMONEM

SKŁADNIKI
- jabłka
- woda
- mielony cynamon, mielone goździki

SPOSÓB PRZYGOTOWANIA
Jabłka obierz i pokrój na ćwiartki. Przełóż do garnka, dodaj odrobinę wody i rozgotuj. Następnie przetrzyj jabłka przez sito. Dopraw goździkami i cynamonem.

Możesz dodać również odrobinę malin, truskawek lub porzeczek.

GOŁĄBKI Z KAPUSTY WŁOSKIEJ NADZIEWANE WARZYWAMI

SKŁADNIKI
- sparzone liście kapusty włoskiej
- farsz jarzynowy (zob. s. 49)

SPOSÓB PRZYGOTOWANIA
Rozgrzej piekarnik do 175–180°C. Farsz warzywny wyłóż na liść kapusty i uformuj gołąbka. Gotowe gołąbki układaj w naczyniu żaroodpornym i zalej niedużą ilością wody zmieszanej z domowym przecierem pomidorowym (zob. s. 49) z dodatkiem wegety. Zapiekaj w piekarniku ok. 30 min.

PROPORCJE WARZYW MOŻESZ DOBIERAĆ TAK, JAK LUBISZ

Dzień 6

ROZWAŻANIE NA 6 DZIEŃ POSTU
STRONA 137

SPAGHETTI Z CUKINII W SOSIE POMIDOROWO-BAZYLIOWYM

SKŁADNIKI
- 2–3 cukinie
- sos pomidorowy z bazylią (zob. s. 101)
- ząbek czosnku, świeża bazylia

SPOSÓB PRZYGOTOWANIA
Cukinię obierz i pokrój obieraczką do julienne w cienki makaron spaghetti. Ugotuj al dente i odcedź. Do sosu dodaj rozdrobniony czosnek i polej nim makaron. Udekoruj świeżą bazylią.

BIGOS Z KAPUSTY KISZONEJ Z BAKŁAŻANEM I CEBULĄ

SKŁADNIKI
- ½ kg kapusty kiszonej
- woda
- bakłażan
- cebula
- sól, pieprz, czubryca czerwona, majeranek

SPOSÓB PRZYGOTOWANIA
Kapustę kiszoną ugotuj do miękkości. Cebulę uduś w małej ilości wody na patelni, dodaj umyty, obrany (niekoniecznie) i pokrojony w kostkę bakłażan, uzupełnij wodą. Podgrzewaj, aż bakłażan zmięknie, a następnie dodaj do ugotowanej kapusty. Dopraw do smaku.

Śniadanie:

SOK marchwiowo-jabłkowy

ZAKWAS BURACZANY

SURÓWKA I: tarta kalarepa z jabłkiem i natką pietruszki

SURÓWKA II: brukiew i marchew starte na tarce o drobnych oczkach, kiełki lucerny, sok z cytryny do smaku

GOTOWANE WARZYWA: SPAGHETTI Z CUKINII W SOSIE POMIDOROWO-BAZYLIOWYM

OWOC: ½ grejpfruta

Obiad:

KOMPOT z jabłek z goździkami

SURÓWKA I: pomidor z rzodkiewką i selerem naciowym

SURÓWKA II: sałata lodowa z pomarańczą

GOTOWANE WARZYWA: BIGOS Z KAPUSTY KISZONEJ Z BAKŁAŻANEM I CEBULĄ

ZUPA: barszcz czerwony (zob. s. 49)

OWOC: ½ kiwi

Kolacja:

SOK z zielonego ogórka, białej rzodkwi i jabłka

SURÓWKA I: zielony ogórek z rzodkiewką, cebulą, koperkiem i octem jabłkowym

SURÓWKA II: pomidor z ogórkiem kiszonym, porem i kiełkami rzodkiewki

GOTOWANE WARZYWA: BURAKI NADZIEWANE CHRZANEM I PAPRYKĄ

OWOC: jabłko

BURAKI NADZIEWANE CHRZANEM I PAPRYKĄ

SKŁADNIKI

- 2 buraki okrągłe
- ¼ świeżej czerwonej papryki
- chrzan tarty lub gotowy na kwasku cytrynowym
- 3 listki sałaty rzymskiej lub masłowej

SPOSÓB PRZYGOTOWANIA

Rozgrzej piekarnik do 170°C. Buraki umyj i ugotuj al dente (ok. 25 min). Po ostudzeniu obierz je ze skórki, zetnij wierzchołek, wydrąż środek, uzupełnij chrzanem i drobno pokrojoną czerwoną papryką. Lekko przykryj ściętym plastrem buraka i zapiekaj w naczyniu żaroodpornym lub w piekarniku ok. 15 min. Ułóż na liściach sałaty i posyp koperkiem.

Dzień 7

ROZWAŻANIE NA 7 DZIEŃ POSTU
STRONA 140

Śniadanie:

SOK z marchwi, selera, rzepy, buraka i jabłka

ZAKWAS BURACZANY

SURÓWKA I: pomidor z cebulą, odrobiną soli himalajskiej i czarnego pieprzu

SURÓWKA II: sałata masłowa z rzodkiewką, szczypiorem, solą himalajską i octem jabłkowym

GOTOWANE WARZYWA: SPAGHETTI Z CUKINII ZE SZPINAKIEM

OWOC: ½ granatu lub ½ kubeczka malin

SPAGHETTI Z CUKINII ZE SZPINAKIEM

SKŁADNIKI

- 500 g świeżego lub rozmrożonego szpinaku
- 2 średnie cukinie
- ząbek czosnku
- 1 papryczka chili
- sól himalajska, pieprz
- woda

SPOSÓB PRZYGOTOWANIA

Czosnek obierz i przeciśnij przez praskę. Papryczkę chili umyj i drobno posiekaj. Do garnka z wodą włóż czosnek i chili, duś na małym ogniu. Po chwili dodaj szpinak, przyprawy i duś do miękkości. Cukinię umyj, obierz i pokrój obieraczką do julienne na cienki makaron spaghetti. Ugotuj al dente i odcedź. Makaron podawaj ze szpinakiem.

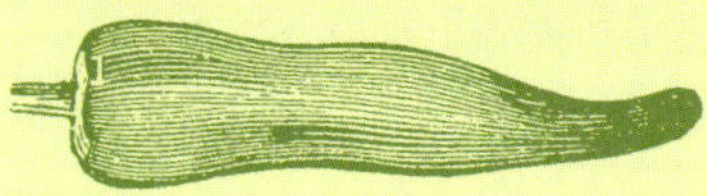

Obiad:

KOMPOT owocowy

SURÓWKA I: tarta biała rzodkiew z marchewką, jabłkiem i dodatkiem zielonej pietruszki

SURÓWKA II: sałata lodowa z zielonym ogórkiem, porem i koperkiem

GOTOWANE WARZYWA: LECZO Z DYNI HOKKAIDO

ZUPA: krem z brukselki i brokuła z natką pietruszki (zob. s. 49)

OWOC: ½ grejpfruta

Kolacja:

SOK z jabłka i selera

SURÓWKA I: ogórek kiszony z cebulą i kiełkami z lucerny

SURÓWKA II: tarta biała rzodkiew z jabłkiem, marchwią, sokiem z cytryny i natką pietruszki

GOTOWANE WARZYWA: BIGOS Z BIAŁEJ KAPUSTY, MARCHWI I CZERWONEJ PAPRYKI

OWOC: MUS JABŁKOWO--TRUSKAWKOWY

LECZO Z DYNI HOKKAIDO

SKŁADNIKI

- dynia Hokkaido
- biała kapusta lub cukinia
- cebula
- czosnek
- sól himalajska, czerwona czubryca, gałka muszkatołowa

SPOSÓB PRZYGOTOWANIA

Dynię dokładnie umyj i pokrój w kostkę bez obierania ze skóry. Kapustę poszatkuj, cebulę pokrój w piórka. Połącz wszystkie warzywa w garnku, podlej niewielką ilością wody i duś do miękkości. Dopraw do smaku czerwoną czubrycą, solą i gałką muszkatołową lub innymi ulubionymi przyprawami.

Pod koniec gotowania możesz dodać pokrojony w ćwiartki pomidor bez skórki.

BIGOS Z BIAŁEJ KAPUSTY, MARCHWI I CZERWONEJ PAPRYKI

SKŁADNIKI

- ½ główki białej kapusty
- 2 marchewki
- 1 papryka czerwona
- 1 średnia cebula
- kilka ziarenek ziela angielskiego
- 2 liście laurowe
- koncentrat lub domowy przecier pomidorowy (zob. s. 49)
- sól himalajska, pieprz, czubryca czerwona, majeranek

SPOSÓB PRZYGOTOWANIA

Kapustę umyj i poszatkuj. Marchew umyj, obierz i zetrzyj na tarce o dużych oczkach. Paprykę umyj i pokrój w dużą kostkę. Wszystkie składniki wrzuć do garnka, zalej wodą i gotuj z zielem angielskim i liśćmi laurowymi na małym ogniu do miękkości. Nadmiar wody odcedź. Na patelni uduś w małej ilości wody pokrojoną w kostkę i posoloną cebulę, dodaj do kapusty. Całość dopraw koncentratem pomidorowym i pozostałymi przyprawami.

MUS JABŁKOWO-TRUSKAWKOWY

SKŁADNIKI

- jabłka
- truskawki
- mielony cynamon, mielone goździki

SPOSÓB PRZYGOTOWANIA

Jabłka obierz i pokrój na ćwiartki. Przełóż do garnka, dodaj odrobinę wody i rozgotuj. Pod koniec gotowania dodaj truskawki. Następnie przetrzyj owoce przez sito. Dopraw goździkami i cynamonem.

Dzień 8

ROZWAŻANIE NA 8 DZIEŃ POSTU
STRONA 143

Śniadanie:

SOK zielony (zob. s. 31) z dodatkiem jabłka i korzenia imbiru

ZAKWAS BURACZANY

SURÓWKA I: kapusta pekińska z rzodkiewką i szczypiorem, octem jabłkowym i odrobiną soli himalajskiej

SURÓWKA II: drobno starta marchewka z chrzanem i roszponką

GOTOWANE WARZYWA: gotowany kalafior posypany rukolą

OWOC: ½ grejpfruta

Obiad:

KOMPOT owocowy z goździkami

SURÓWKA I: tarty seler z jabłkiem i sokiem z cytryny

SURÓWKA II: brokuł ugotowany al dente z pomidorami, porem, solą i pieprzem ziołowym

GOTOWANE WARZYWA: SZPINAK Z CUKINIĄ I CEBULĄ

ZUPA: PAPRYKOWO-POMIDOROWA Z BAZYLIĄ I ROZMARYNEM (zob. s. 74)

OWOC: ½ mandarynki

SZPINAK Z CUKINIĄ I CEBULĄ

SKŁADNIKI

- 1 duża cukinia
- 1 duża cebula
- 300 g szpinaku
- sok z cytryny
- woda
- sól himalajska, pieprz

SPOSÓB PRZYGOTOWANIA

Rozgrzej piekarnik lub piec konwekcyjny do 160°C. Cebulę pokój w piórka i poddus w małej ilości wody z solą. Po chwili dodaj obraną i pokrojoną w plastry cukinię i duś do miękkości. Dodaj szpinak, sok z cytryny, przyprawy i zapiekaj 10–15 min.

ZUPA PAPRYKOWO-POMIDOROWA Z BAZYLIĄ I ROZMARYNEM

SKŁADNIKI

- papryka
- pomidory
- cebula
- marchew
- pietruszka
- seler
- kapusta włoska
- kurkuma, sól himalajska, czerwona czubryca, czosnek niedźwiedzi, czarnuszka, suszone pomidory

SPOSÓB PRZYGOTOWANIA

Cebulę pokrój w piórka i duś w małej ilości wody z kurkumą i solą himalajską. Po chwili dodaj paprykę i pomidory. Gdy warzywa zmiękną, zmiksuj całość.

W drugim garnku ugotuj pokrojoną marchew, pietruszkę, seler i kapustę włoską. Gdy warzywa będą miękkie, dodaj zmiksowaną paprykę z pomidorami i cebulą. Jeśli zupa wyszła za gęsta, dodaj wody i dopraw. Udekoruj świeżą bazylią i rozmarynem.

Kolacja:

SOK z selera, jabłka i buraka

SURÓWKA I: sałata rzymska z ogórkiem kiszonym, jabłkiem i zieloną pietruszką

SURÓWKA II: pomidor z porem, odrobiną soli himalajskiej i kiełkami rzodkiewki

GOTOWANE WARZYWA: LECZO Z CUKINII, PATISONA, SZPINAKU I PAPRYKI

OWOC: ½ granatu

LECZO Z CUKINII, PATISONA, SZPINAKU I PAPRYKI

SKŁADNIKI

- 2 cukinie
- 300–400 g patisonów
- 1 cebula
- 1 żółta papryka
- 1 czerwona papryka
- 50 g szpinaku
- 3 łyżki posiekanej natki pietruszki
- 4 łyżeczki koncentratu pomidorowego
- wegeta
- pieprz kolorowy świeżo mielony
- odrobina chilli

SPOSÓB PRZYGOTOWANIA

Cebulę pokrój w talarki i uduś w niewielkiej ilości wody. Gdy będzie już miękka, dodaj do niej szpinak skropiony kilkoma kroplami soku z cytryny i mieszaj, aż zmięknie. Przełóż do garnka. Cukinię i patisony umyj, obierz, wydrąż nasiona, pokrój w kostkę, wrzuć do cebuli. Papryki umyj i pokrój w kostkę, dodaj do warzyw. Całość uzupełnij małą ilością wody i gotuj na małym ogniu pod przykryciem 20–30 min, od czasu do czasu mieszając. Kiedy warzywa będą już miękkie, dodaj koncentrat pomidorowy, przyprawy i wymieszaj. Całość posyp natką pietruszki.

Dzień 9

ROZWAŻANIE NA 9 DZIEŃ POSTU
STRONA 148

SZARLOTKA WARZYWNA

SKŁADNIKI

- sparzone liście kapusty włoskiej
- marchew
- dynia
- cebula
- sól himalajska, czerwona czubryca

SPOSÓB PRZYGOTOWANIA

Rozgrzej piekarnik do 160°C. Marchew, dynię i cebulę pokrój na mniejsze kawałki, ugotuj do miękkości. Warzywa odcedź, dopraw solą, pieprzem, czerwoną czubrycą i zmiksuj. Układaj kolejne warstwy liści kapusty i masy warzywnej, tak aby powstała trzywarstwowa szarlotka. Zapiekaj 10–15 min. Ostrym nożem wycinaj kwadraty wielkości jednej porcji ciasta.

Jeśli zamiast cebuli dasz obrane, podgotowane jabłka, szarlotka będzie miała słodkawy smak.

Śniadanie:

SOK zielony z jabłkiem i marchewką (zob. s. 31)

ZAKWAS BURACZANY

SURÓWKA I: surowy kalafior starty na tarce o drobnych oczkach, ogórek kiszony, jabłko i natka pietruszki

SURÓWKA II: pomidor z ogórkiem kiszonym i porem posypany rukolą

GOTOWANE WARZYWA: PAPRYKA „POD PIERZYNKĄ"

OWOC: jabłko

PAPRYKA „POD PIERZYNKĄ"

SKŁADNIKI

- cebula
- papryka
- woda
- sól himalajska

SPOSÓB PRZYGOTOWANIA

Rozgrzej piekarnik lub piec konwekcyjno-parowy do 170°C. Cebulę pokrój w talarki, paprykę w paseczki. Ułóż warzywa w naczyniu żaroodpornym, posól i podlej wodą. Tak przygotowane warzywa piecz 15–20 min.

Obiad:

KOMPOT z owoców leśnych

SURÓWKA I: kapusta pekińska, seler naciowy i jabłko posypane natką pietruszki

SURÓWKA II: tarty gotowany burak z ogórkiem kiszonym i porem

GOTOWANE WARZYWA: leczo warzywne (zob. s. 50)

ZUPA: krem z dyni (zob. s. 49)

OWOC: ½ kiwi

Kolacja:

SOK z kalarepy, zielonego ogórka i brokuła

SURÓWKA I: gotowana kapusta czerwona, jabłko, cebula, sok z cytryny i roszponka

SURÓWKA II: tarta czarna rzepa lub biała rzodkiew z jabłkiem, sokiem z cytryny i koperkiem

GOTOWANE WARZYWA: SZARLOTKA WARZYWNA

OWOC: ½ grejpfruta

Dzień 10

ROZWAŻANIE NA 10 DZIEŃ POSTU
STRONA 151

Śniadanie:

SOK z grejpfruta

ZAKWAS BURACZANY

SURÓWKA I: kapusta kiszona z marchewką i sparzoną, drobno pokrojoną cebulą z dodatkiem natki pietruszki

SURÓWKA II: seler naciowy, pomidory, czerwona papryka, ogórki małosolne, czerwona cebula, szczypiorek, sól himalajska i pieprz ziołowy

GOTOWANE WARZYWA:
DYNIA ZAPIEKANA Z JABŁKIEM I CYNAMONEM

OWOC: ½ granatu

DYNIA ZAPIEKANA Z JABŁKIEM I CYNAMONEM

SKŁADNIKI

- 1 dynia Hokkaido
- 2 jabłka (Eliza)
- 2 łyżki soku z cytryny
- cynamon mielony

SPOSÓB PRZYGOTOWANIA

Rozgrzej piekarnik do 190°C. Dynię wypłucz i ostrym nożem zetnij górę. Łyżką usuń pestki. Jabłka umyj, obierz ze skórki, pokrój w kostkę, oprósz cynamonem, dodaj sok z cytryny i włóż do dyni. Przykryj delikatnie odciętą częścią i zapiekaj przez godzinę.

Obiad:

KOMPOT z jabłek z goździkami

SURÓWKA I: mizeria z rzodkiewką

SURÓWKA II: SZASZŁYKI WARZYWNE

GOTOWANE WARZYWA: biała rzodkiew gotowana z rozmarynem, udekorowana szczypiorem

ZUPA: krem z kalafiora (zob. s. 49)

OWOC: jabłko pieczone

Kolacja:

SOK pomidorowy

SURÓWKA I: sałata lodowa z żółtą papryką, pomidorem, cebulą, odrobiną soli himalajskiej i octu jabłkowego

SURÓWKA II: poszatkowana kapusta biała, niewiele kapusty kiszonej, marchew, jabłko, sól himalajska, pieprz i natka pietruszki

GOTOWANE WARZYWA: LECZO JARSKIE

OWOC: ½ kiwi

SZASZŁYKI WARZYWNE

SKŁADNIKI

- biała rzodkiew
- marchew
- pomidor
- papryka (żółta, czerwona, zielona)
- ugotowany burak
- cukinia
- cebula
- czosnek
- sól himalajska, pieprz ziołowy

SPOSÓB PRZYGOTOWANIA

Rozgrzej piekarnik do 160°C. Wszystkie warzywa pokrój w plastry. Następnie nabijaj kolejne plastry na patyczki do szaszłyków, dopraw solą wymieszaną z pieprzem. Ułóż szaszłyki na blasze i piecz ok. 20 min.

LECZO JARSKIE

SKŁADNIKI

- ogórki kiszone
- czerwona papryka
- zielona papryka
- cebula
- dynia lub cukinia
- kabaczek
- pomidory
- liść laurowy, sól himalajska, czerwona czubryca, ostra papryka, pieprz ziołowy lub czarny

SPOSÓB PRZYGOTOWANIA

Warzywa rozdrobnij i duś do miękkości w małej ilości wody z dodatkiem liścia laurowego. Następnie dopraw do smaku solą himalajską, czubrycą, papryką, pieprzem ziołowym lub czarnym.

Dzień 11

ROZWAŻANIE NA 11 DZIEŃ POSTU
STRONA 153

Śniadanie:

SOK z marchwi

ZAKWAS BURACZANY

SURÓWKA I: pomidor ze szczypiorem

SURÓWKA II: ogórek kiszony z cebulką i papryką

GOTOWANE WARZYWA: kalafior i brokuł z dodatkiem rukoli

OWOC: ½ grejpfruta

Obiad:

KOMPOT z jabłek i śliwek

SURÓWKA I: kapusta kiszona z marchwią, cebulą i jabłkiem z dodatkiem natki pietruszki

SURÓWKA II: marchew i jabłko starte na tarce o drobnych oczkach z dodatkiem soku z cytryny

GOTOWANE WARZYWA: POMIDOR NADZIEWANY CHRZANEM

ZUPA: KREM PAPRYKOWO--POMIDOROWY (Z ŻÓŁTEJ PAPRYKI)

OWOC: ½ mandarynki

POMIDOR NADZIEWANY CHRZANEM

SKŁADNIKI
- 2–3 pomidory
- chrzan starty lub gotowy na kwasku cytrynowym
- sól himalajska, pieprz
- liście dowolnej sałaty

SPOSÓB PRZYGOTOWANIA
Rozgrzej piekarnik do 160–170°C. Pomidory umyj i zetnij górę na ok. 4/5 wysokości pomidora. Środek wydrąż, napełnij chrzanem i lekko przykryj ściętym wierzchem. Wstaw do naczynia żaroodpornego z niewielką ilością wody i zapiekaj 15–20 min. Kontroluj temperaturę pieczenia – nie może być zbyt wysoka, aby pomidory nie popękały przed upieczeniem. Podawaj na liściach sałaty, udekorowane koperkiem.

KREM PAPRYKOWO-POMIDOROWY (Z ŻÓŁTEJ PAPRYKI)

SKŁADNIKI

- papryka żółta
- pomidor
- cebula
- marchew
- pietruszka
- seler
- kapusta włoska
- kurkuma, wegeta, czerwona czubryca, czosnek niedźwiedzi, czarnuszka, suszone pomidory, świeża bazylia, sól himalajska

SPOSÓB PRZYGOTOWANIA

Cebulę pokrój w piórka i duś w małej ilości wody z kurkumą i solą. Po chwili dodaj paprykę i pomidory. Gdy warzywa zmiękną, zmiksuj całość.

W drugim garnku ugotuj pokrojoną marchew, pietruszkę, seler i kapustę włoską. Gdy warzywa będą miękkie, dodaj zmiksowaną paprykę z pomidorami i cebulą. Uzupełnij wodą, jeśli zupa wyszła za gęsta, i dopraw. Udekoruj świeżą bazylią.

Kolacja:

SOK z białej rzepy i jabłka

SURÓWKA I: seler, dynia i jabłko z roszponką

SURÓWKA II: pomidor z cebulą

GOTOWANE WARZYWA: buraczki na gorąco

OWOC: MUS JABŁKOWY Z KIWI

MUS JABŁKOWY Z KIWI

SKŁADNIKI

- jabłka
- kiwi
- mielony cynamon, mielone goździki

SPOSÓB PRZYGOTOWANIA

Jabłka obierz i pokrój na ćwiartki. Przełóż do garnka, dodaj odrobinę wody i rozgotuj. Pod koniec gotowania dodaj kiwi. Następnie przetrzyj owoce przez sito. Dopraw goździkami i cynamonem.

W POŚCIE DANIELA NALEŻY STOSOWAĆ TYLKO PRZYPRAWY NATURALNE

Dzień 12

ROZWAŻANIE NA 12 DZIEŃ POSTU
STRONA 157

Śniadanie:

SOK z sałaty rzymskiej, jarmużu, natki pietruszki i jabłka

ZAKWAS BURACZANY

SURÓWKA I: sałata lodowa z pomidorem i cebulą

SURÓWKA II: biała rzodkiew, jabłko i ogórek kiszony z rukolą

GOTOWANE WARZYWA: ZIELONE OGÓRKI FASZEROWANE JARZYNAMI

OWOC: ½ grejpfruta

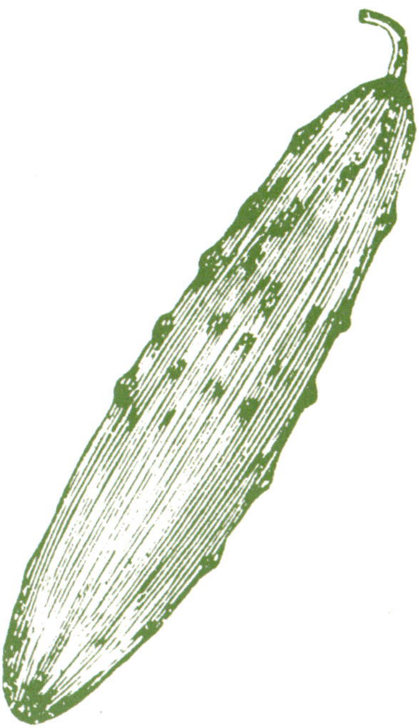

ZIELONE OGÓRKI FASZEROWANE JARZYNAMI

SKŁADNIKI

- 2 zielone ogórki
- 1 marchew
- 1 pietruszka
- ¼ selera
- ¼ pora
- ½ czerwonej papryki
- 5 rzodkiewek
- sałata masłowa, rzymska lub cykoria
- sól himalajska, pieprz, majeranek, czubryca czerwona

SPOSÓB PRZYGOTOWANIA

Rozgrzej piekarnik do 170°C. Ogórki umyj i wydrąż z nich pestki, aby zrobić miejsce na farsz. Marchew, pietruszkę, seler i paprykę wypłucz i pokrój w kostkę. Do garnka z wodą wrzuć umyty i pokrojony w piórka por, uduś. Dodaj pozostałe warzywa i duś do miękkości. Dopraw solą, pieprzem, majerankiem, czerwoną czubrycą. Zmiksuj. Farsz warzywny wkładaj łyżeczką do łódki z ogórka i zapiekaj 10–15 min. Podawaj na liściu sałaty lub cykorii z umytą, startą rzodkiewką.

ROSÓŁ POSTNY Z MAKARONEM SPAGHETTI Z CUKINII

SKŁADNIKI

- marchew
- pietruszka
- seler
- kapusta włoska
- cebula
- por
- wegeta
- korzeń imbiru (głównie zimą)
- spora gałązka lubczyku świeżego lub suszonego
- natka pietruszki
- kurkuma

SPOSÓB PRZYGOTOWANIA

Marchewkę, pietruszkę i seler obierz. Jeśli warzywa są duże, przekrój je na pół przed włożeniem do garnka. Cebulę obierz, natnij i opiecz nad ogniem, a następnie włóż do garnka. Dodaj por oraz kawałeczek umytego i obranego imbiru. Wlej 1–2 l wody i gotuj wszystko na małym ogniu ok. 25 min. Przed końcem gotowania dodaj wegetę. Po wyłączeniu zupy dodaj kurkumę, pieprz czarny, natkę pietruszki i lubczyk.

Obiad:

KOMPOT owocowy

SURÓWKA I: zielony ogórek i rzodkiewka z natką pietruszki

SURÓWKA II: PRASOWANKA Z CZERWONEJ KAPUSTY Z JABŁKIEM, CEBULĄ I SOKIEM Z CYTRYNY

GOTOWANE WARZYWA: purée z kalafiora i brokuła

ZUPA: ROSÓŁ POSTNY Z MAKARONEM SPAGHETTI Z CUKINII

OWOC: jabłko

Rosół podawaj ze spaghetti przyrządzonym z cukinii za pomocą obieraczki do julienne. Spaghetti ugotuj al dente w niewielkiej ilości wody.

Jeśli lubisz zupy o intensywnym smaku, możesz wrzucić do gotowania także zieloną nać selera.

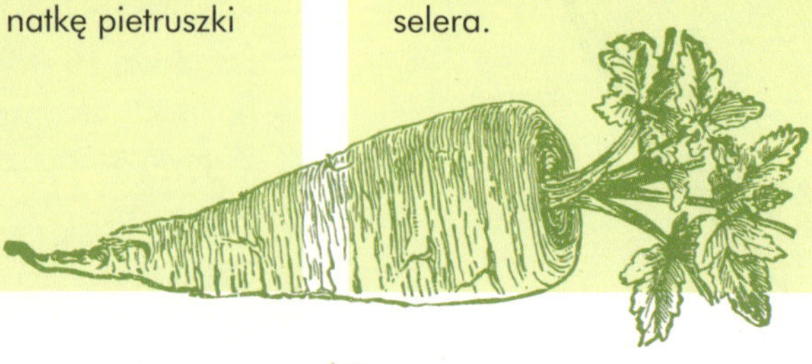

Kolacja:

SOK pomidorowy

SURÓWKA I: sałata zielona z kapustą kiszoną, marchewką i jabłkiem

SURÓWKA II: papryka z ogórkiem kiszonym, pomidorem i cebulą

GOTOWANE WARZYWA: FLACZKI JARSKIE

OWOC: ½ mandarynki

FLACZKI JARSKIE

SKŁADNIKI

- marchew
- pietruszka
- seler
- por
- woda
- sól himalajska, czarny pieprz i majeranek

SPOSÓB PRZYGOTOWANIA

Marchew, pietruszkę i seler pokrój w słupki, a por w talarki i ugotuj wszystko w małej ilości wody. Gdy warzywa będą miękkie, dopraw solą, pieprzem i obficie majerankiem.

PRASOWANKA Z CZERWONEJ KAPUSTY Z JABŁKIEM, CEBULĄ I SOKIEM Z CYTRYNY

SKŁADNIKI

- czerwona kapusta
- sól himalajska
- woda
- jabłko
- cebula
- sok z cytryny
- pieprz czarny

SPOSÓB PRZYGOTOWANIA

Kapustę umyj i drobno poszatkuj, lekko posól, ugnieć rękoma i ubij w misce. Przyciśnij kapustę talerzem i obciąż np. słoikiem z wodą. Odstaw na 1–2 godziny. Po upływie tego czasu dodaj do kapusty jabłko starte na tarce o drobnych oczkach, sok z cytryny i drobno pokrojoną cebulę. Dokładnie wszystko wymieszaj i dopraw czarnym pieprzem.

Dzień 13

ROZWAŻANIE NA 13 DZIEŃ POSTU
STRONA 160

ZAPIEKANE WARZYWA

SKŁADNIKI

- ½ kalafiora
- 2 marchewki
- 1 pietruszka
- ½ rzodkwi białej
- 1 kalarepa
- 2 cebule
- sól, tymianek

SPOSÓB PRZYGOTOWANIA

Rozgrzej piekarnik do 170°C. Kalafior podziel na różyczki. Pozostałe warzywa umyj, obierz i pokrój w kostkę. Wszystkie warzywa ugotuj al dente i wyjmij łyżką cedzakową. Do wywaru dodaj pokrojoną cebulę, ugotuj do miękkości i zmiksuj, aby uzyskać konsystencję gęstego sosu. Tak powstałym sosem zalej warzywa ułożone w naczyniu żaroodpornym, posyp wszystko solą i tymiankiem. Zapiekaj 10–15 min.

Śniadanie:

SOK z czerwonej porzeczki i jabłka

ZAKWAS BURACZANY

SURÓWKA I: ogórek kiszony, świeża papryka i por z majonezem z kalafiora (zob. s. 50)

SURÓWKA II: marchewka z jabłkiem starta na tarce o małych oczkach udekorowana chrzanem

GOTOWANE WARZYWA: brukselka w sosie pomidorowym

OWOC: ½ grejpfruta

Obiad:

KOMPOT z dyni z goździkami

SURÓWKA I: kapusta kiszona z jabłkiem, szczypiorkiem i natką pietruszki

SURÓWKA II: sałata rzymska z zielonym ogórkiem, rzodkiewką i koperkiem

GOTOWANE WARZYWA: purée z brokuła i kalafiora ze szczypiorkiem

ZUPA: MARCHWIOWA Z CHRZANEM

OWOC: ½ kiwi

Kolacja:

SOK z kapusty kiszonej

SURÓWKA I: zielony ogórek z rzodkiewką i szczypiorkiem

SURÓWKA II: sałatka jarzynowa z ugotowanych i pokrojonych w kostkę marchwi, pietruszki i selera, ogórków kiszonych pokrojonych w półplasterki i pora pokrojonego w piórka z majonezem warzywnym (zob. s. 50) i natką pietruszki

GOTOWANE WARZYWA: ZAPIEKANE WARZYWA

OWOC: jabłko lub owoce jagodowe

ZUPA MARCHWIOWA Z CHRZANEM

SKŁADNIKI

- 3 marchewki
- 1 pietruszka
- ⅓ główki kapusty pekińskiej
- cebula, czosnek,
- sól, pieprz biały, tymianek, chrzan tarty

SPOSÓB PRZYGOTOWANIA

Na wodzie uduś posiekany czosnek i cebulę. Kiedy zmiękną, dodaj pokrojone w plasterki marchewki, pietruszkę, kapustę pekińską. Zalej niewielką ilością wrzątku i gotuj ok. 20 min na małym ogniu. Po ugotowaniu dodaj chrzan i dopraw.

Dzień 14

ROZWAŻANIE NA 14 DZIEŃ POSTU
STRONA 163

Śniadanie:

SOK marchwiowo-jabłkowy

ZAKWAS BURACZANY

SURÓWKA I: pomidor z ogórkiem kiszonym i selerem naciowym

SURÓWKA II: czarna rzepa z jabłkiem, cytryną i natką pietruszki

GOTOWANE WARZYWA: cebula pokrojona w piórka, posypana kurkumą i solą, zapiekana w żaroodpornym naczyniu w piekarniku lub piecu konwekcyjno-parowym (175°C)

OWOC: ½ grejpfruta

Obiad:

KOMPOT owocowy

SURÓWKA I: seler starty z jabłkiem na tarce o drobnych oczkach z dodatkiem soku z cytryny

SURÓWKA II: drobno pokrojona kapusta kiszona, cebula, jabłko, natka pietruszki

GOTOWANE WARZYWA: papryka nadziewana jarzynami (zob. s. 49)

ZUPA: krem cebulowy (zob. s. 49)

OWOC: ½ kiwi lub 5 truskawek

Kolacja:

SOK pomidorowo-marchwiowy

SURÓWKA I: kabaczek z jabłkiem

SURÓWKA II: kapusta pekińska z ogórkiem kiszonym i szczypiorem

GOTOWANE WARZYWA: kalarepa z marchwią

OWOC: JABŁKO PIECZONE Z ŻURAWINĄ

JABŁKO PIECZONE Z ŻURAWINĄ

SKŁADNIKI

- jabłko
- 2 jagody suszonej żurawiny

SPOSÓB PRZYGOTOWANIA
Rozgrzej piekarnik do 160°C. Jabłko umyj, ułóż na blasze i piecz do miękkości. Możesz dodać 2 jagody suszonej żurawiny.

Jak urozmaicić dietę

Kilka dodatkowych przepisów

W tym rozdziale znajdziesz pomysły na potrawy, którymi możesz zastąpić dania w 14-dniowym programie diety.

KOKTAJLE I SOKI

KOKTAJL ENERGETYCZNY

SKŁADNIKI

- 2 marchewki
- kawałek selera naciowego
- ½ kabaczka lub cukinii
- 1 pomidor
- ½ czerwonej papryki
- ¼ zielonego ogórka
- ½ filiżanki kiełków np. lucerny
- pęczek natki pietruszki
- 1 ząbek czosnku
- szczypta pieprzu czarnego

SPOSÓB PRZYGOTOWANIA

Warzywa obierz i pokrój na plasterki. Przełóż do blendera, dodaj przyprawy i zmiksuj.

ŚWIEŻY KOKTAJL WARZYWNY

SKŁADNIKI

- 1 marchew
- 1 seler naciowy
- 1 pomidor
- 1 mały burak
- 1 czerwona papryka
- 1 mały zielony ogórek
- kiełki lucerny, rzodkiewki lub rzeżuchy
- garść natki pietruszki
- 1 ząbek czosnku
- szczypta pieprzu czarnego lub ziołowego

SPOSÓB PRZYGOTOWANIA

Warzywa pokrój i umieść w blenderze, dodaj czosnek i zmiksuj. Następnie dodaj kiełki, natkę pietruszki oraz pieprz i ponownie zmiksuj z dodatkiem czosnku.

Gdyby koktajl był zbyt gęsty, możesz go rozcieńczyć wodą mineralną z podwyższoną zawartością magnezu.

KOKTAJL ZIELONY

SKŁADNIKI

- 2 zielone ogórki
- 3 łyżki ziół (rzeżucha, bazylia, natka pietruszki, koperek, szczypiorek, nać selera)
- sól himalajska i pieprz ziołowy

SPOSÓB PRZYGOTOWANIA

Ogórki obierz i zetrzyj na tarce o grubych oczkach. Przełóż do blendera, dodaj zioła i zmiksuj całość.

KOKTAJL POMIDOROWY

SKŁADNIKI

- 4 pomidory
- zioła (natka pietruszki, natka selera, mała dymka ze szczypiorkiem)
- sok z cytryny
- sól himalajska i pieprz

SPOSÓB PRZYGOTOWANIA

Pomidory sparz i obierz ze skórki, a następnie pokrój. Przełóż do blendera, dodaj zioła i przyprawy, a następnie zmiksuj całość.

KOKTAJL Z CUKINII

SKŁADNIKI

- 1 mała cukinia
- 4 rzodkiewki
- sól himalajska i pieprz

SPOSÓB PRZYGOTOWANIA

Cukinię obierz, pokrój w kostkę i zblanszuj. Po ostudzeniu dodaj do niej rzodkiewki i zmiksuj całość. Koktajl możesz rozrzedzić kostkami lodu. Dopraw do smaku solą i pieprzem.

KOKTAJL Z DYNI I JABŁEK

SKŁADNIKI

- 6 łyżek purée z dyni
- 2 jabłka (Eliza)
- 1/3 cytryny
- 250 ml wody mineralnej z podwyższoną zawartością magnezu

SPOSÓB PRZYGOTOWANIA

Jabłka umyj, obierz i wydrąż gniazda nasienne. Do blendera włóż purée z dyni, dodaj pokrojone jabłka i sok wyciśnięty z 1/3 cytryny. Zalej wszystko wodą i zmiksuj.

KOKTAJL PIETRUSZKOWY

SKŁADNIKI

- pęczek natki pietruszki
- 1 mały zielony ogórek
- 1 jabłko średniej wielkości
- 1 szklanka wody mineralnej z podwyższoną zawartością magnezu
- sok z 1/2 cytryny

SPOSÓB PRZYGOTOWANIA

Zmiksuj pęczek umytej, świeżej natki pietruszki z obranym i pokrojonym na mniejsze kawałki ogórkiem i jabłkiem. Dodaj wodę mineralną i sok z cytryny.

ELIKSIR MŁODOŚCI – BOMBA WITAMINOWA

SKŁADNIKI

- 2 łyżki kiełków lucerny
- 2 łyżki kiełków rzodkiewki
- 2 łyżki kiełków brokuła
- 10 łyżek wody mineralnej z podwyższoną zawartością magnezu

SPOSÓB PRZYGOTOWANIA

Wszystkie składniki zmiksuj w blenderze. Przecedź przez gazę i wypij zaraz po przygotowaniu.

SURÓWKI I SAŁATKI

Pamiętaj o kolejności spożywania warzyw: surowe zawsze przed gotowanymi. Jeśli nie podano ilości produktów potrzebnych do przygotowania potrawy, proporcje warzyw dobierz według uznania.

DYNIA NA OSTRO z pomidorami, zieloną papryką, szczyptą ostrej papryki, pieprzu ziołowego i soli.

KAPUSTA KISZONA ze szczypiorkiem lub cebulą, startą marchwią oraz jabłkiem i natką pietruszki.

UGOTOWANA KAPUSTA KISZONA z ugotowaną marchewką i dynią oraz roszponką.

BIAŁA KAPUSTA drobno poszatkowana z dodatkiem cebuli pokrojonej w kostkę. Do tego starte jabłko, sól himalajska, kminek oraz cząber.

BURAK surowy obierz i pokrój w kostkę, zmiksuj. Dodaj ogórek kiszony, cebulę, jabłko. Powtórnie zmiksuj całość.

CZERWONA PAPRYKA, zielony i ogórek kiszony, cebula – wszystko pokrój w drobną kostkę.

KALAFIOR lub **BROKUŁ** ugotuj z czosnkiem i liściem laurowym. Na koniec polej majonezem warzywnym (zob. s. 50).

KALAFIOR surowy starty z jabłkiem i dodatkiem drobno pokrojonego ogórka kiszonego.

KAPUSTĘ KISZONĄ drobno pokrój, dodaj dynię startą na tarce o średnich oczkach. Wymieszaj i udekoruj natką pietruszki.

MARCHEW starta z jabłkiem na tarce o drobnych oczkach.

POMIDORY pokrój w plastry, ułóż na talerzu i udekoruj obficie startą rzodkiewką.

SAŁATĘ LODOWĄ I MASŁOWĄ lub rzymską, pomidory, zielony ogórek, dymki ze szczypiorkiem i rzodkiewki drobno pokrój. Wszystkie warzywa wymieszaj i dopraw całość łyżeczką octu jabłkowego, solą himalajską oraz pieprzem.

SELER NACIOWY pokrój w plastry, dodaj starte jabłko i marchew. Całość udekoruj roszponką.

SELER starty z jabłkiem, zakwaszony sokiem z cytryny.

UGOTOWANY BURAK z ogórkiem kiszonym i cebulą pokrojone w drobną kostkę.

ROLADKI Z SAŁATY LUB KAPUSTY PEKIŃSKIEJ

SKŁADNIKI

- 1 główka sałaty masłowej lub kapusty pekińskiej
- 1 pomidor
- 2 łyżki posiekanej cebuli
- 1 marchew
- 1 pietruszka
- 1 filiżanka kiełków lucerny lub innych
- ¼ łyżeczki sproszkowanej papryki chili
- sól himalajska

SPOSÓB PRZYGOTOWANIA

Marchew i pietruszkę ugotuj. Po ostudzeniu obierz, podziel na mniejsze kawałki i zmiksuj razem. Oddziel liście sałaty, pomidory i cebulę pokrój w kostkę. Masę marchwiowo-pietruszkową wymieszaj z pomidorami, cebulą, kiełkami i przyprawami. Farsz nakładaj na liście sałaty i zwijaj w roladki. Gotowe roladki możesz polać sosem pomidorowym (zob. s. 101).

SAŁATKA Z DODATKIEM DZIKO ROSNĄCYCH ROŚLIN WIOSENNYCH

SKŁADNIKI

- 1 główka sałaty
- pęczek rzodkiewek
- szklanka drobno pokrojonych młodych listków: mniszka, babki, krwawnika, pokrzywy
- 2 ząbki czosnku
- 1 łyżka szczypiorku
- 1 łyżka soku z cytryny
- sól himalajska, szczypta pieprzu

SPOSÓB PRZYGOTOWANIA

Sałatę, rzodkiewki i zioła dokładnie umyj. Rzodkiewki zetrzyj na tarce, posól i sprasuj talerzem. Liście sałaty porwij na mniejsze kawałki, wymieszaj ze sprasowaną rzodkiewką i ziołami oraz szczypiorkiem. Polej dowolnym sosem (zob. s. 101).

SAŁATKA Z BAKŁAŻANÓW Z BAZYLIĄ

SKŁADNIKI

- 1 bakłażan
- 2 pomidory
- 2 ząbki czosnku
- ½ łyżki octu jabłkowego (zob. s. 27)
- ½ pęczka bazylii
- sól, pieprz kolorowy

SPOSÓB PRZYGOTOWANIA

Rozgrzej piekarnik do 180°C. Bakłażan umyj, pokrój w grubą kostkę, ułóż na blaszce wyłożonej papierem do pieczenia. Posyp solą i pieprzem, skrop wodą. Piecz ok. 20 min. Po wystudzeniu wymieszaj z drobno posiekaną bazylią i przeciśniętym przez praskę czosnkiem. Pomidory obierz ze skórki, pokrój w kostkę i dodaj z octem jabłkowym do sałatki. Wymieszaj całość.

DIPY

Dipy możesz dodawać do surówek i gotowanych warzyw w dowolnych konfiguracjach.

DIP Z PAPRYKI I BAKŁAŻANA

SKŁADNIKI

- 1 średni bakłażan
- 1 duża papryka czerwona
- 2 ząbki czosnku
- 1 łyżeczka słodkiej papryki
- ⅓ łyżeczki ostrej papryki
- ⅓ szklanki soku z kapusty kiszonej
- 2 łyżki soku z cytryny lub octu jabłkowego (opcjonalnie)
- sól himalajska, pieprz

SPOSÓB PRZYGOTOWANIA

Rozgrzej piekarnik do 180°C. Bakłażan i paprykę przetnij na połowy. Z papryki usuń gniazdo nasienne. Warzywa ułóż na blasze skórką do góry i piecz 20–25 min. Po wyjęciu z piekarnika włóż paprykę na chwilę do foliowego woreczka – dzięki temu łatwiej odejdzie z niej skórka. Warzywa obierz i pokrój, dodaj do nich czosnek i przyprawy i zmiksuj całość.

DIP Z BURAKA

SKŁADNIKI

- 1 ugotowany (lub marynowany) burak
- 1 łyżka octu jabłkowego
- 1 łyżka koncentratu pomidorowego lub domowego przecieru
- ⅓ szklanki soku jabłkowego
- sól himalajska, pieprz

SPOSÓB PRZYGOTOWANIA

Obrany i pokrojony w kostkę burak zmiksuj z octem, koncentratem pomidorowym i sokiem jabłkowym. Całość dopraw solą i pieprzem.

DIP Z ZIELONEGO OGÓRKA

SKŁADNIKI

- 100 g zielonego ogórka
- 2 łyżki startego chrzanu
- 3 łyżki drobno pokrojonych ziół (natka pietruszki, koperek, szczypiorek)
- sól himalajska, pieprz

SPOSÓB PRZYGOTOWANIA

Ogórek obierz, przekrój i usuń nasiona. Miąższ pokrój na kawałki, dodaj chrzan, sól i pieprz. Całość zmiksuj i dopraw ziołami.

DIP Z POMIDORÓW (I)

SKŁADNIKI

- 3 łyżki koncentratu pomidorowego lub naturalnego przecieru domowego
- 1/3 szklanki soku z ogórków kiszonych
- 1 ząbek czosnku
- 1 pęczek koperku
- sól himalajska, papryczka chili

SPOSÓB PRZYGOTOWANIA

Sok z ogórków wymieszaj z koncentratem pomidorowym. Czosnek obierz i przeciśnij przez praskę, koperek drobno pokrój. Połącz składniki i zmiksuj całość. Na koniec dopraw solą i papryką chili.

DIP Z POMIDORÓW (II)

SKŁADNIKI

- 10 słodkich pomidorków koktajlowych
- 1 łyżka koncentratu pomidorowego lub domowego przecieru (zob. s. 49)
- ½ małej cebuli
- 1 ząbek czosnku
- pęczek natki pietruszki
- sól himalajska, pieprz

SPOSÓB PRZYGOTOWANIA

Obraną cebulę i czosnek, listki pietruszki, koncentrat pomidorowy i przekrojone na pół pomidorki zmiksuj w blenderze. Całość dopraw solą i pieprzem.

SALSA POMIDOROWA

SKŁADNIKI

- 4 pomidory (najlepiej dojrzałe i słodkie)
- 1 cebula
- 1 ząbek czosnku
- ½ świeżej papryczki chili
- ¼ szklanki soku z kapusty kiszonej (opcjonalnie 2 łyżki octu jabłkowego)
- świeża bazylia
- sól himalajska

SPOSÓB PRZYGOTOWANIA

Pomidory sparz i obierz ze skórki, a następnie pokrój w bardzo drobną kostkę. Cebulę posiekaj, czosnek przeciśnij przez praskę i dodaj wszystko do pomidorów. Dopraw posiekaną papryczkę chili, bazylię i inne świeże zioła (te, które lubisz). Dodaj sok z kapusty kiszonej i zmiksuj całość. Na koniec dopraw solą.

PIKANTNY DIP PAPRYKOWY

SKŁADNIKI

- 100 g czerwonych papryczek chili
- ⅓ czerwonej słodkiej papryki
- 1 słodkie jabłko (jonagored)
- 1 ząbek czosnku
- 20 ml octu jabłkowego
- 30 ml wody
- sól

SPOSÓB PRZYGOTOWANIA

Papryczki chili umyj i oczyść z gniazd nasiennych, pokrój razem z czosnkiem w kostkę. Jabłko umyj, obierz i pokrój w kostkę. Wszystkie składniki oprócz octu zmiksuj, przełóż do słoika i przykryj lnianą ściereczką. Odstaw na 5 dni w ciemne i chłodne miejsce. Zaczekaj, aż masa sfermentuje, po czym dodaj ocet i ponownie zmiksuj całość. Przelej do garnka i gotuj na małym ogniu 10 min. Po ugotowaniu przetrzyj przez gęste sito i wstaw na godzinę do lodówki. Dip możesz wykonać także ze słodkiej papryki.

SOSY

Sosy, podobnie jak dipy, będą wzbogacały smak surowych i gotowanych warzyw podczas postu Daniela.

SOS POMIDOROWY DO GOŁĄBKÓW, SPAGHETTI Z CUKINII LUB WARZYW

SKŁADNIKI

- 1 surowa cukinia
- 3 pomidory
- bazylia, sól

SPOSÓB PRZYGOTOWANIA

Cukinię obierz ze skóry. Warzywa rozdrobnij, zmiksuj i dopraw do smaku.

SOS SŁODKO-KWAŚNY DO SURÓWEK I WARZYW GOTOWANYCH AL DENTE

SKŁADNIKI

- ½ szklanki soku ze słodkich jabłek (jonagored, golden delicious)
- 4 plasterki jabłka
- ½ szklanki domowego przecieru pomidorowego (zob. s. 49)
- ¼ szklanki wody z ogórków kiszonych lub 1 łyżka octu jabłkowego
- ¼ szklanki ostudzonej wody przegotowanej

SPOSÓB PRZYGOTOWANIA

Jabłka pokrój w drobną kostkę. Sok z jabłek lekko podgrzej, dodaj przygotowane wcześniej jabłko, przecier pomidorowy, wodę z ogórków kiszonych oraz zwykłą wodę i podgrzewaj jeszcze ok. 2 min. Całość zmiksuj.

SOS PIETRUSZKOWY, KOPERKOWY LUB ZE ŚWIEŻEGO SZPINAKU

SKŁADNIKI

- 1–2 ząbki czosnku
- ½ pęczka natki pietruszki lub koperku lub świeży szpinak
- sok z ½ cytryny
- sól himalajska, pieprz prawdziwy
- czubryca zielona
- 3–4 kostki lodu
- 2–3 łyżki letniej wody przegotowanej

SPOSÓB PRZYGOTOWANIA

Wszystkie składniki połącz i zmiksuj. Na koniec dopraw do smaku solą, pieprzem, czubrycą zieloną.

SOS ZIOŁOWY

SKŁADNIKI

- 1–2 ząbki czosnku
- ⅓ szklanki wody z ogórków kiszonych
- 4 łyżki majonezu warzywnego (zob. s. 50)
- po ½ łyżeczki tymianku, oregano, cząbru
- ½ łyżki koperku i bazylii
- ¼ łyżeczki kolendry
- szczypta gałki muszkatołowej

SPOSÓB PRZYGOTOWANIA

Składniki sosu zmiksuj w blenderze. Ten sos doskonale pasuje do wszystkich surówek.

SOS CURRY

SKŁADNIKI

- ⅓ szklanki soku z kapusty kiszonej lub ¼ szklanki soku z cytryny
- ½ łyżeczki curry
- 3 łyżki majonezu warzywnego (zob. s. 50)
- szczypta imbiru
- sól himalajska, pieprz

SPOSÓB PRZYGOTOWANIA

Wszystkie składniki zmiksuj w blenderze.

GOTOWANE WARZYWA

GRILLOWANA CUKINIA Z NATKĄ PIETRUSZKI

SKŁADNIKI

- 1 cukinia
- pęczek pietruszki
- sól himalajska i pieprz

SPOSÓB PRZYGOTOWANIA

Odetnij końce cukinii i przekrój ją wzdłuż. Lekko przypraw do smaku i rozłóż na połówkach cukinii posiekaną pietruszkę. Grilluj do miękkości na patelni grillowej lub w piekarniku, podlewając ją niewielką ilością wody.

GRILLOWANA CUKINIA Z CZOSNKIEM

SKŁADNIKI

- 3 cukinie
- 3 ząbki czosnku
- sól
- cytryna

SPOSÓB PRZYGOTOWANIA

Odetnij końce cukinii i pokrój ją wzdłuż na cienkie paski. Każdy z nich natrzyj rozgniecionym czosnkiem z solą. Grilluj na patelni ok. 3 min z każdej strony (im cieńsze plasterki cukinii, tym krótszy czas grillowania). Podawaj z ćwiartkami cytryny. Jeśli nie masz patelni grillowej, cukinię możesz również zapiec w piekarniku, w naczyniu żaroodpornym, podlewając ją niewielką ilością wody.

ZAPIEKANA CYKORIA

SKŁADNIKI

- 4–6 cykorii
- 1 jabłko
- 2 małe pomidory
- 2 łyżki cytryny
- zielenina

SPOSÓB PRZYGOTOWANIA

Rozgrzej piekarnik do 160°C. Cykorie przekrój wzdłuż na połówki. Ułóż przekrojem do góry w naczyniu do zapiekania, podlej małą ilością wody. Na połówkach ułóż plasterki jabłka i skrop cytryną. Wstaw na chwilę do piekarnika.
Tak przygotowaną cykorię można polać dowolnym sosem (s. 98) i udekorować zieleniną. Zamiast jabłka można użyć pomidorów, zielonego ogórka lub buraka.

HAMBURGERY Z CUKINII

SKŁADNIKI

- cukinia
- cebula
- pomidor
- papryka
- majonez warzywny
- sól himalajska, pieprz i papryczka chili do smaku

SPOSÓB PRZYGOTOWANIA

Rozgrzej piekarnik lub piec konwekcyjno-parowy do 160°C. Cukinię pokrój na grube plastry, pozostałe warzywa dowolnie. Na każdym plastrze cukinii ułóż cebulę, pomidor, paprykę. Polej majonezem warzywnym (zob. s. 50), przykryj drugim plastrem cukinii. Zapiekaj 15–20 min.

KAWIOR Z BAKŁAŻANA

SKŁADNIKI

- 1 duży bakłażan
- 2 pomidory
- 1 średnia cebula
- ¼ szklanki soku z cytryny
- sól himalajska i pieprz do smaku

SPOSÓB PRZYGOTOWANIA

Rozgrzej piekarnik do 165°C i piecz bakłażany 15–20 minut. Zawiń je w wilgotną ściereczkę i pozostaw do ostygnięcia, a gdy będą już chłodne, obierz ze skórki. Cebulę drobno pokrój, pomidory sparz i obierz ze skórki. Bakłażany i pomidory pokrój w kostkę, wymieszaj, dodaj cebulę, sok z cytryny oraz przyprawy i zmiksuj wszystko blenderem.

GULASZ WARZYWNY

SKŁADNIKI

- 1 średnia cebula pokrojona w plasterki
- 1 czerwona papryka pokrojona w grubą kostkę
- 2 duże pomidory
- 2 marchewki pokrojone w grube plastry
- 1 mała dynia Hokkaido pokrojona w dużą kostkę
- ⅓ szklanki soku pomidorowego
- ¾ szklanki wody
- 1 łyżeczka cynamonu
- 1 łyżeczka kminku mielonego
- ¼ łyżeczki chili
- sok z cytryny
- sól himalajska i pieprz ziołowy do smaku

SPOSÓB PRZYGOTOWANIA

Cebulę pokrój w talarki, a paprykę w grubą kostkę. Cebulę i paprykę poddus w garnku w małej ilości wody. Dodaj cynamon, kminek, chili i mieszając, duś ok. 5 min. W razie potrzeby podlej niewielką ilością wody. Do warzyw dodaj pokrojone w dużą kostkę pomidory i dynię oraz marchew pokrojoną w talarki i sok pomidorowy. Zagotuj, zmniejsz ogień i gotuj ok. 15 min. Dopraw sokiem z cytryny, solą i pieprzem.

FARSZ DO GOŁĄBKÓW I FASZEROWANYCH POMIDORÓW, BURAKÓW, CUKINII I PAPRYKI

SKŁADNIKI

- kalafior lub brokuł średniej wielkości
- 2 łyżeczki soku z cytryny
- ½ łyżeczki wegety bez glutaminianu sodu
- ⅓ łyżeczki kolendry
- ⅓ łyżeczki oregano
- ½ szklanki majonezu warzywnego (zob. s. 50)
- szczypta zmielonej gorczycy

SPOSÓB PRZYGOTOWANIA

Kalafior i brokuł rozdziel na różyczki i przełóż do wysokiego naczynia. Dodaj przyprawy i majonez, a następnie całość zmiksuj.

BURAKI PIECZONE Z WARZYWAMI POLANE DIPEM Z BURAKA

SKŁADNIKI

- 4 duże buraki
- 1 pęczek liści botwinki
- 2 małe cukinie pokrojone w plasterki
- mały kalafior lub brokuł, lub ½ kg brukselki
- 1 zmiażdżony ząbek czosnku
- 1 łyżka octu jabłkowego (zob. s. 27) lub soku z cytryny
- sól himalajska

SPOSÓB PRZYGOTOWANIA

Rozgrzej piekarnik do 180°C.
Buraki umyj, ułóż na blasze i piecz w piekarniku 1–1,5 godz. (przed wyjęciem z piekarnika sprawdź, czy na pewno są miękkie).
Gdy wystygną, obierz je ze skórki, pokrój w plasterki i zmiksuj.
Botwinkę dokładnie umyj i rozdrobnij. Ugotuj na parze oddzielnie botwinkę i pokrojoną na plasterki cukinię z kalafiorem. Gotowe warzywa układaj na talerzu warstwami i polej dipem z buraka. Talerz udekoruj jarmużem.

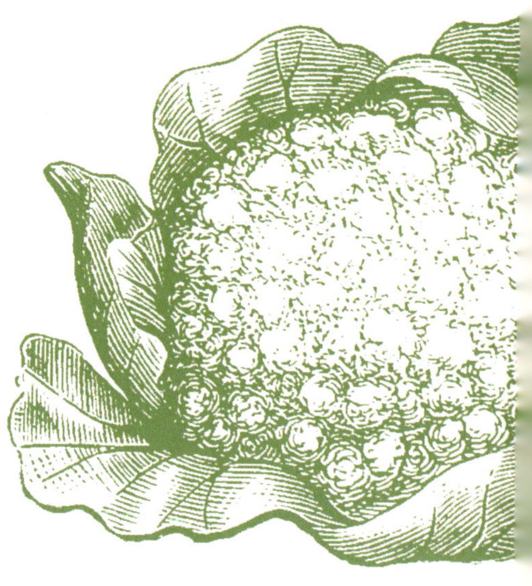

ZUPY

KAPUŚNIAK WĘGIERSKI

SKŁADNIKI

- 3–4 szklanki poszatkowanej kapusty czerwonej
- 1 duża cebula
- 1 duże jabłko
- 3 duże ząbki czosnku
- 1–2 łyżeczki kopru włoskiego
- 4 duże pomidory
- 1 l wody
- 2 łyżki octu jabłkowego
- 1 liść laurowy
- sól himalajska, pieprz

SPOSÓB PRZYGOTOWANIA
Cebulę i jabłko obierz i pokrój w kostkę, pomidory sparz i obierz, czosnek przeciśnij przez praskę. Przygotuj dwa garnki. Do jednego wlej wodę, dodaj kapustę i liść laurowy, gotuj 15 min. W drugim garnku poddus w małej ilości wody cebulę z czosnkiem. Gdy będą już miękkie, dodaj pomidory, jabłko, koper i ocet. Duś jeszcze 5 min, a następnie dodaj wszystko do czerwonej kapusty i gotuj całość ok. 15 min. Na koniec dopraw zupę solą i pieprzem.

ZUPA JARZYNOWA ZŁOCISTA

SKŁADNIKI

- 3 szklanki wody
- szczypta tymianku i kurkumy
- 3 średniej wielkości marchewki pokrojone
- 1 pietruszka pokrojona
- ¼ łyżeczki imbiru
- szczypta pieprzu cayenne

- ½ łyżeczki wegety
- sól do smaku
- ½ pęczka natki pietruszki lub koperku
- 1 łyżeczka soku z cytryny

SPOSÓB PRZYGOTOWANIA

Do wrzątku wkładaj wszystkie składniki ściśle wg kolejności na liście składników oprócz natki pietruszki i soku z cytryny. Gotuj na małym ogniu 15 min, a następnie zmiksuj. Na koniec dodaj zieleninę i sok z cytryny. W miarę potrzeby uzupełniaj wywar wrzątkiem.

ZUPA JARZYNOWA SUROWA (I)

SKŁADNIKI

- marchew
- seler
- pietruszka
- por
- cebula
- kalafior
- ząbek czosnku
- domowy przecier pomidorowy (zob. s. 49)
- sól himalajska, wegeta

SPOSÓB PRZYGOTOWANIA

Wszystkie warzywa rozdrobnij i zalej gorącą wodą z przyprawami. Zmiksuj i zjedz, zanim ostygnie.
Zupa ta należy do potraw szczególnie zdrowych – dzięki temu, że nie jest gotowana, warzywa zachowują bogactwo witamin i enzymów.

ZUPA JARZYNOWA SUROWA (II)

SKŁADNIKI

- czosnek
- sok z cytryny
- pomidory
- dymka
- zielony ogórek
- zielona papryka
- 2 szklanki soku warzywnego z marchwi, korzenia pietruszki i selera
- sól himalajska, pieprz

SPOSÓB PRZYGOTOWANIA

Czosnek zmiksuj z sokiem z cytryny. Pomidory sparz i pokrój, ogórek obierz i rozdrobnij, paprykę i dymkę pokrój w drobną kostkę. Pokrojone warzywa i sok warzywny zmiksuj razem. Do tak powstałej zupy dodaj przygotowany wcześniej mus z czosnku i soku z cytryny.

MARCHWIANKA

SKŁADNIKI

- 1 kg marchwi
- 2 l wrzącej wody

SPOSÓB PRZYGOTOWANIA

Marchewki umyj i obierz. Każdą przekrój wzdłuż na 4 części. Wrzuć do wrzącej wody i gotuj pod na wolnym ogniu pod przykryciem 1 godz. Całość zmiksuj na krem. Taka zupa, ugotowana z ekologicznych, zdrowych marchewek, jest słodka i pyszna.

Co dalej?

Po zakończeniu postu Daniela należy stopniowo rozszerzać dietę o produkty, które w trakcie oczyszczania organizmu były zakazane. W ten sposób organizm stopniowo przestawi się ponownie na żywienie zewnętrzne.

Planując posiłki, które będziesz spożywać po zakończeniu postu Daniela, pamiętaj, by stosunek pokarmów bioaktywnych do biostatycznych wynosił 80:20 (80% pokarmów bioaktywnych i 20% pokarmów biostatycznych).

RODZAJ POKARMU	BIOAKTYWNY	BIOSTATYCZNY	BIOBÓJCZY
OPIS	tworzący życie, czyli biologicznie żywy	podtrzymujący życie, o obniżonej witalności	pokarm przetworzony, biologicznie martwy
PRZYKŁADY POKARMÓW	płatki zbożowe, muesli, nasiona, orzechy, kiełki, surowe warzywa i owoce	pokarmy gotowane, pieczone, duszone	pokarmy z białej mąki, białego ryżu, z dodatkiem cukru, oleju rafinowanego, margaryny, dodatków chemicznych

Ważne jest także, by ograniczać ilość spożywanych posiłków. Wielkość porcji dla każdego człowieka powinna być dobrana indywidualnie. Twój żołądek powinien być wypełniony tylko w 75%.

Pamiętaj, że ilość zabija jakość: jeśli nawet spożywasz tylko produkty odpowiednie dla organizmu, ale jesz ich zbyt dużo, mogą one zaszkodzić twojemu zdrowiu.

ZASADY WYCHODZENIA Z POSTU

Powrót do diety pełnowartościowej po zakończonym poście Daniela powinien odbywać się stopniowo. Organizm potrzebuje czasu, aby ponownie przyzwyczaić się do pokarmów, których nie otrzymywał podczas trwania kuracji. Im dłużej trwał post, tym więcej czasu należy poświęć na powrót do codziennej diety.

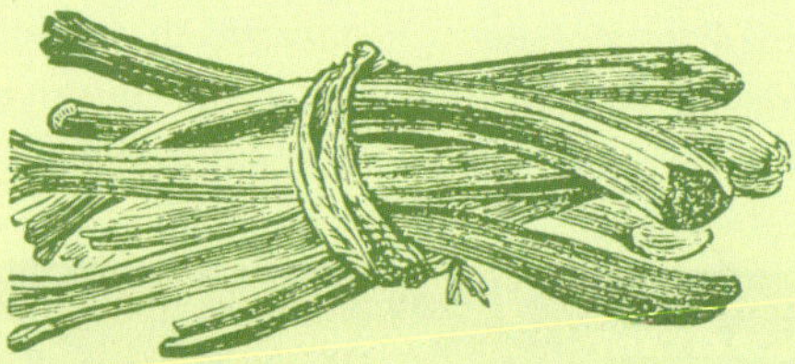

JEŚLI TWÓJ POST TRWAŁ 1 DZIEŃ

następnego dnia zredukuj ilość przyjmowanych pokarmów o połowę w stosunku do Twojej codziennej diety i powstrzymaj się od spożywania mięsa.

PRZYKŁADOWE MENU:

ŚNIADANIE: muesli z płatków owsianych z mlekiem roślinnym i rodzynkami oraz dodatkiem tartego jabłka i miodu (ewentualnie)

OBIAD: makaron razowy z ziołami, odrobiną masła i bukietem warzyw

KOLACJA: zupa gotowana na jarzynach z dodatkiem oliwy z oliwek extra virginie

JEŚLI TWÓJ POST TRWAŁ 3 DNI

przez następne 3 dni zredukuj ilość przyjmowanych pokarmów o połowę w stosunku do Twojej codziennej diety.

1 DZIEŃ skorzystaj z menu powyżej

2 DZIEŃ wprowadź kasze i olej nierafinowany

3 DZIEŃ wprowadź rośliny strączkowe

JEŚLI TWÓJ POST TRWAŁ TYDZIEŃ

przez kolejny tydzień zredukuj ilość przyjmowanych pokarmów o połowę w stosunku do Twojej codziennej diety.

1 DZIEŃ wprowadź kasze bezglutenowe (jaglana, gryczana biała, ryż brązowy, komosa ryżowa, amarantus, sorgo)

3 DZIEŃ wprowadź zboża glutenowe (kasze jęczmienne: perłowa, wiejska, pęczak), olej tłoczony na zimno

4 DZIEŃ wprowadź rośliny strączkowe (fasola biała, czerwona, zielona, szparagowa, cieciorka, groch, bób)

6 DZIEŃ wprowadź chude gotowane mięso, jogurt, jaja

JEŚLI TWÓJ POST TRWAŁ 10 DNI

przez kolejne 10 dni zredukuj ilość przyjmowanych pokarmów o połowę w stosunku do Twojej codziennej diety.

1 DZIEŃ wprowadź owoce nieobecne podczas postu (gruszka, banan, śliwka, melon, papaja itp.)

2 DZIEŃ wprowadź kasze bezglutenowe i olej tłoczony na zimno

4 DZIEŃ wprowadź zboża glutenowe, chleb pełnoziarnisty

6 DZIEŃ wprowadź bataty

7 DZIEŃ wprowadź jogurt, ryby, jaja

9 DZIEŃ wprowadź wiejski drób

JEŚLI TWÓJ POST TRWAŁ 14 DNI

przez kolejne 14 dni zredukuj ilość przyjmowanych pokarmów o połowę w stosunku do twojej codziennej diety.

1 DZIEŃ wprowadź owoce nieobecne podczas postu (gruszka, banan, śliwka, melon, papaja itp.)

3 DZIEŃ wprowadź kasze bezglutenowe i olej tłoczony na zimno

5 DZIEŃ wprowadź kasze glutenowe i strączki

7 DZIEŃ wprowadź bataty

10 DZIEŃ wprowadź jogurt, jaja, ryby

11 DZIEŃ wprowadź drób wiejski

Zapewne teraz, po 14 dniach postu, czujesz się zdrowo i lekko. To właściwy objaw – twój organizm oczyścił się ze złogów i toksyn, jest gotowy na to, aby znowu przyjmować pożywienie. Warto zadbać o to, by było ono jak najlepszej jakości i w pełni odpowiadało zapotrzebowaniu organizmu.

Dieta człowieka, podobnie jak innych ssaków naczelnych, powinna w przeważającej części składać się z produktów roślinnych. To z nich powinno pochodzić co najmniej 85% kalorii dostarczanych organizmowi.

Większość osób preferuje tradycyjny styl żywienia. Aby zaspokoić głód, sięgamy po produkty łatwo dostępne, ale o niskiej wartości odżywczej, często wysoko przetworzone, zawierające sztuczne barwniki i konserwanty. Nadmierne spożycie białka i tłuszczu pochodzenia zwierzęcego, słodyczy, niedobór błonnika, alkohol, kawa i inne szkodliwe produkty spożywcze są przyczyną wielu chorób degeneracyjnych, braku energii i utraty sił witalnych. Jeśli dodamy do tego białą mąkę, cukier, słodycze, białą sól, oleje rafinowane, margarynę, smażone mięso, wędzone ryby, kawę, alkohol czy papierosy, trudno liczyć na trwałą poprawę zdrowia. Bez następującej po niej zmiany stylu odżywiania się żadna kuracja oczyszczająca nie jest w stanie uchronić organizmu przed nawrotem chorób.

Szczęśliwie natura obdarzyła nas wszystkim, czego potrzebujemy, by żyć w dobrym zdrowiu: zbożami, warzywami, owocami, nasionami i ziołami. Dieta na nich bazująca zapewnia człowiekowi odpowiednią ilość i proporcje białka, węglowodanów, tłuszczów, witamin, składników mineralnych, błonnika i wody. Potrawy przygotowywane z naturalnych, dobrej jakości produktów roślinnych zmniejszają ryzyko wystąpienia tzw. chorób cywilizacyjnych (raka, cukrzycy, astmy, alergii, reumatoidalnego zapalenia stawów itd.). Jadłospis złożony ze świeżych owoców, warzyw, zbóż, roślin strączkowych, nasion oleistych (pestki dyni, słonecznika, orzechy, migdały), oleju tłoczonego na zimno (np. oliwa z oliwek extra virgin, olej lniany, słonecznikowy, z nasion wiesiołka) dostarcza organizmowi wszystkich potrzebnych składników pokarmowych nawet w nadmiarze.

Na te wszystkie zalecenia doskonale odpowiada **roślinna dieta pełnowartościowa** o wysokiej zawartości składników pokarmowych: białka, tłuszczu, węglowodanów, witamin, soli mineralnych, błonnika i wody. Bazuje ona na produktach nieprzetworzonych i potrawach prostych w przygotowaniu. Nawet najprostszy posiłek może być bowiem przepyszny, jeśli zostanie przyrządzony ze składników najwyższej jakości.

Dlatego także po zakończeniu postu Daniela warto kupować żywność organiczną – nie tylko po to, by zminimalizować ryzyko kontaktu z pestycydami, ale również po to, by ograniczyć ilość szkodliwych substancji przenikających do środowiska. Produkty te zawierają więcej składników pokarmowych, zwłaszcza składników mineralnych i przeciwutleniaczy, niż inne, uprawiane metodami konwencjonalnymi. Jeśli jednak nie masz dostępu do żywności organicznej, zrób wszystko, żeby zminimalizować swoją ekspozycję na szkodliwe substancje: obieraj warzywa i owoce, usuwaj i wyrzucaj zewnętrzne liście sałaty i kapusty, myj wszystko dokładnie. Lepiej spożywać owoce i warzywa uprawiane i zbierane z użyciem pestycydów niż unikać ich w ogóle.

Jeśli nie chcesz rozstawać się z produktami pochodzenia zwierzęcego, wyeliminuj ze swojej diety przynajmniej cukier, białą mąkę i twarde margaryny, a spożycie mięsa i nabiału ogranicz do dwóch porcji w tygodniu.

Choć czasy Hipokratesa są bardzo odległe, jego zalecenie: „Niech pokarm będzie twoim lekarstwem, a lekarstwo pożywieniem" nie straciło na znaczeniu. Ilość i jakość naszego pożywienia wpływa na stan naszego zdrowia i długość życia.

Jedzmy więc po to, aby żyć. Nigdy odwrotnie!

14 dni dla ducha

ks. Łukasz Piórkowski

POSTY TO NIEZWYKLE SKUTECZNA FORMA MODLITWY WSTAWIENNICZEJ

Nasz świat wciąż goni za oddalającym się ideałem szczęścia. Sukces, a najlepiej całe pasmo sukcesów, to cel, do którego dążymy. Pragniemy spełnienia rodzinnego, towarzyskiego, zawodowego, finansowego. Tak wygląda nasze wyobrażenie wspaniałego życia.

Niestety, zapominamy, że nawet jeśli uda nam się zdobyć wymarzony szczyt, nie otrzymamy w zamian trwałej satysfakcji. Wręcz przeciwnie, zapragniemy kolejnych szczytów, które pojawią się na horyzoncie. Jeszcze wyższych i jeszcze trudniejszych do zdobycia. Bardzo szybko przyzwyczajamy się do wszystkiego, co jeszcze przed chwilą wydawało się pełnią szczęścia. Może to być związek z ukochaną osobą, satysfakcjonująca praca, pogodne dzieci oraz wiele innych radości i osiągnięć. Nieustannie poszukujemy drogi do lepszego życia. Błądzimy, wciąż zawodzeni przez mapy z drogą na kolejny szczyt.

W tej książce proponujemy inną trasę, znacznie rzadziej uczęszczaną. To post Daniela. Podążanie tą drogą to dwutygodniowa wędrówka, która oczyszcza ciało i ducha. Pomaga odzyskać spokój ducha, jasność umysłu, radość. Przywraca koncentrację i kreatywność. Dzięki tej kuracji doświadczamy harmonii z otoczeniem i łatwiej nam przebaczać. Pogłębiamy nasze relacje rodzinne, świadomie wychowujemy dzieci. Innymi słowy: zaczynamy żyć mądrze, a nie tylko efektywnie. Zamiast gonić za szczęściem, doświadczamy go w codzienności.

Post Daniela przywraca właściwą perspektywę. Zamiast patrzeć na świat przez lupę, lepiej użyć niezawodnego, szerokokątnego obiektywu, który pozawala ogarnąć całość. Wtedy możemy odpowiedzieć na kluczowe pytania: Dokąd zaprowadzi mnie to, co teraz robię? Jak może wyglądać moje życie za kilka lat? Czy jestem na dobrej drodze?

WSTĘP DO ROZWAŻAŃ

Boimy się jej i o niej marzymy. Dojrzewamy do niej latami lub dokonujemy jej w jednej chwili. Bez niej jesteśmy wewnętrznie martwi. Zmiana. Odnowa ducha i ciała. Zmiana jest składową życia. Zmieniają się pory roku, kontynenty zmieniają swoje położenie. Przychodzimy na świat, rośniemy, dojrzewamy, starzejemy się i umieramy. Najważniejsze ze zmian – narodziny i śmierć – zachodzą niezależnie od naszej woli, decyzji.

Zmiana wyzwala różne reakcje. Wyzwala bunt, ale i skłania do adaptacji. W pewnym sensie kształtuje nas i określa. Chcielibyśmy zmiany w naszym życiu kontrolować, nadawać im kierunek, tymczasem nie jest to możliwe. To zmiany bowiem nadają kierunek naszemu życiu. Te, których nie chcemy, dekonstruują nasze dotychczasowe życie i zmuszają nas do otwarcia się na nowe. Te, których oczekujemy i pożądamy, motywują nas do działania i poszukiwania.

Dynamika biblijnej historii proroka Daniela ukazuje wielką zmianę życiową. Ale co to znaczy „wielka"? Czy można tak nazwać zmianę pracy? Albo zawarcie małżeństwa? Początek kariery twórczej? Zaangażowanie się w działalność charytatywną? Wyprawę dookoła świata? Turystyczny lot w kosmos? A może porzucenie pracy w korporacji i powrót na łono natury? Gdzie przebiega granica między „zwyczajną" a „wielką" zmianą życiową? Dlaczego decydujemy się na takie zmiany? Jakie skutki niosą one dla rozwoju człowieka? Historia proroka Daniela prowokuje do zadawania licznych pytań i dostarcza bardzo ciekawych odpowiedzi.

Jako przedstawiciele cywilizacji zachodniej jesteśmy skłonni traktować siebie jako narzędzie do wykonywania zadań. To narzędzie ma być sprawne, szybko się uczyć, dostosowywać się do panujących warunków, ma być trwałe, odporne i – co najważniejsze – nie może się psuć.

Bardzo często próbujemy też wymuszać zmianę wewnętrzną przez zmianę otoczenia. Bywa, że porzucamy pracę, rodzinę, dom i wyruszamy w nieznane, uległszy przekonaniu, że taka zmiana nas odnowi. Żyjemy złudzeniem, że można przejść suchą nogą od jednej formy życia do drugiej i że dzięki temu staniemy się kimś innym, nowym człowiekiem.

Przemiana człowieka nie dokonuje się przez zmianę otoczenia czy warunków życia, choć mogą ją one wspierać i umacniać. Odnowa jest pochodną naszej refleksji i decyzji. Prawdziwa odnowa nie polega na modyfikowaniu stylu życia czy zmianie zachowania, ale na nowym określeniu wartości, kryteriów ich wskazywania, na poprzedzonej refleksją decyzji o zmianie priorytetów życiowych.

Prawda jest taka, że nic nie musisz. Ale jeśli zaangażujesz się w proponowany Ci post Daniela, jeśli odnowisz swojego ducha i swoje ciało, to jakość Twojego życia – duchowego, emocjonalnego i fizycznego – znacznie się poprawi. Zmiany wewnętrznej nie sposób na sobie wymusić, można ją jednak przepracować i wprowadzić. Od czego zacząć? Proponuję 14 postaw, które wykorzystał prorok Daniel. Choć mogą się wydać oczywiste, nie daj się zwieść pozorom. Równie oczywista jest szkodliwość cukru czy palenia tytoniu, a większość osób i tak z nich nie rezygnuje.

Współczesny przemysł szczęścia oferuje dziś setki „jedynych" metod, które przeniosą nas do punktu S, które po prostu musimy mieć. Ale punkt S (jak szczęście) nie istnieje. W prawdziwym, dojrzałym życiu – inaczej niż w geometrii – po prostu nie ma punktów. Jest za to proces i nieustanna zmiana. Nie znaczy to, że szczęścia nie należy poszukiwać. Kluczowa jest tutaj odnowa, czyli powrót do postaw, które są dla nas korzystne. To dobra strategia, która sprawdza się w życiu.

Dzień 1

POWRÓT DO NORMALNOŚCI

Każdego dnia dobiega nas nawoływanie do normalności. Powrót do normalności staje się jednym z najważniejszych zadań człowieka. Kiedy jednak zastanowimy się głębiej nad tym, o powrót do czego tu chodzi, co trzeba osiągnąć, aby znaleźć się w świecie normalności, odczuwamy niemałe zakłopotanie.

Pewien nowożeniec, nie w pełni obeznany z przebiegiem sakramentu małżeństwa, zapytał matkę, jak ma się zachować. „Normalnie, synku" – odpowiedziała matka. „To znaczy jak?" – dociekał. „Tak jak wszyscy. Patrz, jak zachowują się inni i już". Zalecenie, aby zachowywać się tak jak wszyscy, to jeden z najczęściej stosowanych zabiegów wychowawczych. Kryje się jednak za nim dość niemiła prawda: nawoływanie do tak pojętej normalności jest postulowaniem przeciętności. Masz być taki jak inni. Proste, praktyczne i równie mało sensowne. Autorzy Pisma Świętego nie posługują się słowem „normalność". Wskazują, że słuszniej jest pytać nie o to, czy coś jest normalne, lecz o to, czy jest prawdziwe, pożyteczne, dobre, skuteczne, piękne. Krótko mówiąc, chodzi o to, by być sobą; być sobą sensownie wobec Pana Boga, innych i samego siebie.

Post Daniela daje nam narzędzie, które doskonale określa, czym jest normalność. Wskazuje drogę, która dla współczesnego człowieka bynajmniej nie oznacza rozgoryczenia i nudnej stagnacji, ale dynamiczną umiejętność kształtowania świata. Na postawę normalności nałożono sporo ciężarów. Ma ona być gwarantem szczęścia, ma rozwijać, dostarczać nam ekstazy i pomagać w wychowywaniu dzieci. Jaka ma być ta normalność, wpasowana między romantyczność, karierę, kredyty a nowe technologie?

Wśród docenianych współcześnie cnót człowieka ważne miejsce zajmuje obecnie elastyczność. Gwarantuje ona adaptację do rzeczywistości będącej nieustannym ciągiem zmian. W takich warunkach słowo „normalność" zaczyna brzmieć obco, wręcz niedorzecznie. Zaczyna kojarzyć się z przymusem i zniewoleniem. Świadectwo proroka Daniela uczy, że normalność to nie kurczowe trzymanie się swoich poglądów czy absolutyzowanie własnych doświadczeń, ale życie w zgodzie z Bogiem, sobą samym i drugim człowiekiem. Nie mamy tego w genach, postawy bowiem kształtujemy, obserwując innych i ucząc się od nich. Czego więc możemy się nauczyć od Daniela? Co zyskujemy dzięki biblijnemu postowi Daniela? Zacznijmy od rozkodowania trójnogu, na którym będziemy budować kolejne propozycje postu Daniela.

Wielu z nas odkłada życie na później, mówiąc: teraz muszę się dorobić, awansować, odchować dzieci, ale za kilka lat, po czterdziestce, na emeryturze, jak zmienię pracę, jak kupię mieszkanie, jak wybuduję dom… to sobie pożyję. Inni żyją przeszłością. Wydaje się im, że ich prawdziwe życie już było; byli kiedyś szczęśliwi, ale to minęło, wszystko się zmieniło. Co przeszkadza nam żyć w pełni, z pasją, odczuwając istnienie wszystkimi zmysłami? Dlaczego nie potrafimy skupić się na naszym życiu, które dzieje się tu i teraz?

Żyć pełnią życia. To hasło trudne do objęcia umysłem, bo pełnia życia może znaczyć nieomal wszystko: skromność i pychę, pracowitość i lenistwo, rywalizację i doskonałą współpracę. Dla przeciętnego Kowalskiego pełnia życia to jednak najczęściej synonim życia bez większych ograniczeń. Moim zdaniem życie pełne to życie mądre. Odwołując się do biblijnego postu Daniela, należałoby dodać, że jest to również życie skomplikowane. Mądrość przejawia się w sposobie radzenia sobie z komplikacjami. Jak to jednak zrobić? Trzeba niemałej arogancji, aby na tak postawione pytanie odpowiadać z pewnością siebie. Warto tu poznać Słowo Boże przekazane przez proroka Daniela. Jego historia skłania do próby odpowiedzi na trzy pytania: Czy można mieć wszystko? Co to znaczy być konsekwentnym? Komu dać radość?

Myślę, że każdy z nas był popędzany przez rodziców, nauczycieli, trenerów, ale też przez żonę, męża: „Zrób więcej, jeszcze więcej, nie poprzestawaj na tym, co masz!". Ambicja uchodzi za jedną z największych cnót. W jakimś sensie jest to cnota, ale nie nazwałbym jej największą.

Post to wezwanie: nie musisz mieć wszystkiego i – co więcej – nic możesz mieć wszystkiego. Mam jednak na myśli nie to, że należy rezygnować z wszelkich działań i ambicji, lecz że warto zachować umiar. Wygórowane ambicje bywają bowiem niesłychanie destruktywne. Mój dziadek zwykł mawiać, że chora, nierealna ambicja i chciwość podłe rodzą dzieci. Kiedy bowiem zaczynamy robić coś za wszelką cenę, to z łatwością tracimy z pola widzenia wiele innych spraw, nierzadko ważniejszych i bardziej wartościowych. Zaczynamy zachowywać się jak roboty, znów coś musimy zdobyć. Musimy zdobyć dużo, jak najwięcej. Nie wystarczy troszkę więcej. Musi być wszystko. Nie zachwyca mnie taki sposób myślenia i działania. Mądrzejsza zdaje się strategia zawarta w poście: zachowaj umiar.

„Musisz być nie tylko ambitny, ale i konsekwentny, bo inaczej nic nie osiągniesz". Konsekwentne działanie jest dla nas niczym jakaś sprawność. Uczy się nas, że jeśli coś zaczęliśmy, to nie ma wyjścia, powinniśmy to skończyć. Jeśli powiedzieliśmy A, to trzeba powiedzieć B, C – aż do Z. Na pierwszy rzut oka wydaje się to bardzo racjonalne i użyteczne. Tymczasem warto zadać pytanie, dlaczego należy być konsekwentnym. Dlaczego koniec musi mieć cokolwiek wspólnego z początkiem? Czy tylko dlatego, że powiedziało się A? To jest pułapka ślepego, głupiego zaangażowania. Pokazuje, jak wiele rzeczy robimy tylko po to by działać konsekwentnie. Tylko dlatego że kiedyś je rozpoczęliśmy. Tak rozumiana konsekwencja zwalnia z obowiązku myślenia i upewniania się, czy nasze działania mają sens. A to prosta droga do dość przygnębiających porażek. Doświadczanie radości życia związane jest nie tylko z osiąganiem wyników, ale także z samym działaniem. Kto wie, czy nawet nie bardziej z tym drugim.

Post Daniela uczy nas, że trzeba dopuścić myśl, że nie warto poświęcać uwagi temu, co z jakiegoś powodu straciło sens. Post wymaga umiejętności rezygnowania z tego, co stare, niedorzeczne, co jest grzechem, co nam szkodzi, na rzecz tego, co jest pełne sensu.

Marząc o pełni życia, koncentrujemy się na sobie. Zakładamy, że to, co sprawia nam radość, tak samo cieszy innych, a to, co nas smuci, jest dla nich równie bolesne jak dla nas. Innymi słowy, jesteśmy skłonni sądzić, że szczęście innych jest skutkiem ubocznym naszej radości. Chwila refleksji wystarczy jednak, aby uświadomić sobie nie tylko, że wcale tak być nie musi, ale i że aby żyć mądrze, takie podejście bynajmniej nie wystarczy. Jednym z ważnych składników mądrego życia jest wzbudzanie u innych pozytywnych uczuć, zachwytu, sympatii. Post Daniela zawiera w sobie zamiar dawania radości i rzeczywiste powodowanie pozytywnych stanów u innych. Czy można jednak być dobrym dla wszystkich? Nasze zasoby niezbędne do tego działania są ograniczone. Zatem nieodzowna staje się decyzja, kto ma być adresatem naszych działań. Komu dać najwięcej, a komu mniej. Komu zawsze, a komu tylko niekiedy. Nie znaczy to, że nie należy myśleć o sobie ani zapewniać sobie przyjemności. O siebie też trzeba dbać. Tyle że nie tylko o siebie. Także o innych, mając pełną świadomość tego, kim oni są.

Nie musisz mieć wszystkiego i nie możesz mieć wszystkiego. Warto zachować umiar. Wygórowane, nierealne ambicje bywają niesłychanie destrukcyjne. Satysfakcjonujące życie wymaga radzenia sobie z kłopotami, dlatego nie warto poświęcać uwagi sprawom, które z jakiegoś powodu straciły sens. Radość życia jest związana nie tylko z osiąganymi wynikami, ale także z przebiegiem samych działań, czyli ich sensownością. Jednym z najważniejszych elementów mądrego życia jest wzbudzanie u innych uczuć zachwytu oraz sympatii.

Umiar, konsekwencja rozumiana jako działanie pełne sensu oraz świadomość, z kim warto budować relacje, to trójnóg, na którym opiera się post Daniela. To strategia, która sprawdza się w życiu prywatnym i społecznym. To nieprzemijające przesłanie postu Daniela. Post Daniela jest celebracją życia, która może zdarzyć się każdego dnia, która powoduje, że chwila nabiera znaczenia, celebracją, dzięki której nasze przemieszczanie się w czasie staje się przestrzenią nowych możliwości, a nie walką o przetrwanie czy pustym, pozbawionym smaku i koloru trwaniem.

Dzień 2

OSOBOWOŚĆ WSPÓŁZALEŻNA

Energia. Rodzisz się z nią. Idziesz przez życie, czerpiąc z niej garściami. Aż w końcu nadchodzi dzień, w którym nie masz siły wstać z łóżka. Opadłeś z sił. Czujesz się kompletnie wyczerpany, pusty. Wszytko cię drażni, a najprostsze zadania przerastają. Co zrobić, żeby odzyskać siły?

Zastanówmy się najpierw, czym jest tzw. energia życiowa. Nazywamy ją niekiedy również energią psychiczną, duchową. Jedni są bardziej energiczni, inni mniej, ale każdy z nas doświadczył przypływu i odpływu energii. Niektórzy próbują podnosić jej poziom, stosując leki stymulujące czy dopalacze lub pijąc napoje energetyczne. Tymczasem aby ją zwiększyć, wystarczy zadbać o dobre relacje z ludźmi, być otwartym na ciekawe doświadczenia i podejmować twórcze działania. Zadbać o te elementy w naszym życiu, które składają się na tzw. osobowość współzależną.

Każdy z nas usłyszał pewnie choć raz w życiu, że powinien być sobą, wyrazić siebie. Być sobą – czyli tak właściwie kim?

Poszukując odpowiedzi na to pytanie w internecie, znajdziemy ogłoszenia o warsztatach asertywności – na nich dowiemy się, jak skutecznie odmawiać, wyrażać własne zdanie i myśleć o sobie pozytywnie. Możemy skusić się na naukę autoprezentacji – odtąd inni będą widzieli nas tak, jak my tego chcemy. Na warsztatach budowania relacji w pracy nauczymy się, jak rozmawiać z przełożonymi i budować swoją niezależność w rolach zawodowych. Dowiemy się, jakie cechy stanowią o zdrowej osobowości. Będą to: niezależność, pewność siebie, przebojowość. Takie podejście powoduje, że stajemy zazwyczaj w opozycji do innych, mając poczucie, że musimy bronić swojej integralności, bronić się przed wchłonięciem przez grupę, ubezwłasnowolnieniem. Oznacza to ciągłą walkę o własną niezależność.

Jeśli jednak uda nam się wyjrzeć poza krąg współczesnej kultury zachodniej, napotkamy całkiem inną propozycję. Postawa proroka Daniela to przykład osobowości współzależnej. Osoba, która ją reprezentuje, postrzega siebie jako część swojej grupy społecznej. Bycie w pełni sobą jest dla niej możliwe poprzez odnalezienie się w relacjach z bliskimi, nie zaś w opozycji do nich. Dla przeciętnego młodego Polaka „być sobą" to znaczy być kimś odrębnym. Tak rozumiana niezależność budzi w proroku Danielu wątpliwości. Jego świadectwo podkreśla, iż człowiek wierzący nastawia się na potrzeby i pragnienia drugich. Nie oznacza to bezrefleksyjnego podporządkowania się innym, zupełnej rezygnacji z własnych celów, marzeń i ambicji. Rezultatem otwarcia się na wartość drugiego człowieka, społeczeństwa jest bowiem poczucie własnej wyjątkowości i bliskości, która uzdrawia i uszczęśliwia.

To, w jaki sposób pojmujemy własną niezależność, wpływa bezpośrednio na nasze życie. Codziennie bowiem mamy do czynienie z ludźmi. Staramy się ich zrozumieć, troszczyć się o nich, porozumiewać się z nimi. Kiedy wszystko układa się pomyślnie, nie ma nad czym się zastanawiać. Lecz kiedy pojawiają się problemy, nasze relacje zaczynają się komplikować. Mamy wtedy do wyboru trzy możliwości.

Możemy złościć się na ludzi o to, że doprowadzają nas do szału, i spędzać życie na narzekaniu. Przez kilka godzin może to być relaksujące, ale po kilku miesiącach traci na atrakcyjności.

Możemy zupełnie zrezygnować z kontaktów z ludźmi i kupić sobie sympatycznego puszystego pieska. To również na dłuższą metę nie jest zadowalające.

Możemy też postanowić, że będziemy uczyć się porozumiewać ze sobą, że podobnie jak prorok Daniel podejmiemy wysiłek, aby nasze relacje były oparte na szacunku, na wzajemnym porozumieniu.

Jak je uzyskać, skoro różnimy się tak bardzo, że dwie osoby, opisując swoje wspaniałe wakacje i towarzyszące im bardzo podobne emocje, mają przed oczami zupełnie odmienne obrazy? Jak dojść do porozumienia, skoro każdy z nas czego innego oczekuje od rozmowy? Czym jest rozmowa w naszym codziennym życiu? Spróbujmy odnaleźć te wątki myślenia, działania Daniela, które odnoszą się do fundamentów naszych relacji.

Rozmowa to rodzaj kontaktu, który pojawia się wtedy, kiedy uczestniczące w niej osoby mówią i słuchają, oddając się temu w pełni. Przyjmijmy tę perspektywę po to, by móc zastanowić się nad tym, w jaki sposób rozmowa stanowi niezbywalny most łączący różne światy, które nosimy w sobie. Krótko mówiąc: jak rozmawiać, żeby się zrozumieć. Dobra rozmowa powinna być dialogiem. Oznacza to skupianie uwagi nie tylko na tym, co ja sam myślę i chcę powiedzieć, ale także na tym, co myśli i chce powiedzieć druga osoba. W ten sposób zachodzi zazębiająca się wymiana.

Każdy na ogół słucha, kiedy ktoś do niego mówi. Słucha, ale nie słyszy, bo albo jest skoncentrowany na swoich racjach, albo już zastanawia się nad odpowiedzią. Autentyczne słuchanie zawiera w sobie intencję zrozumienia, co chce powiedzieć inny człowiek. Ważne są słowa, ale również to, co się słowom wymyka lub dzieje obok nich. Stąd konieczność dopytywania, uściślania. To niełatwe, lecz uzasadnione. Wiele nieporozumień wynika z odmiennego pojmowania tej samej sprawy. Czego więc potrzebujemy, żeby mogła się zawiązać dobra rozmowa? Często mówimy: „To nie tak” albo „Nie masz racji”. Egoizm każe nam nade wszystko domagać się zrozumienia naszych własnych interesów. Człowiek unika rozumienia tego, co wnosi zamęt w świat jego własnych przekonań. Lubimy wierzyć, że to my zawsze mamy rację. Zawracanie sobie głowy problemami innych uważamy za stratę czasu. Ilu z nas słucha wyłącznie samych siebie, a nawet z rozkoszą wsłuchuje się w tembr własnego głosu? Ilu z nas nie słucha żadnych pytań, nawet tych zadawanych sobie samemu? Rozmowa to – w przeciwieństwie do gadaniny – poważna rzecz. I rzadka. Umiejętność uważnego słuchania to jej warunek konieczny. Kolejnym elementem rozmowy jest poczucie wolności myślenia – nasz rozmówca ma prawo myśleć po swojemu. Kiedy to prawo zostanie uszanowane, każdy jest bardziej skłonny przyjrzeć się swojej opinii i ewentualnie ją skorygować.

Daniel posiadał rzadką sztukę uważnego słuchania. Oddawał się słuchaniu tak, że rozmówca od razu czuł się doceniony. Co ciekawe, w tekście księgi proroka Daniela autor rozróżnia dwa stany: rozumienie i pojmowanie. Wielu ludzi coś rozumie, ale jednocześnie nie pojmuje. Stąd powiedzenie, że ktoś rozumie głową, ale nie sercem. Porozumienie z innym człowiekiem wymaga także wczucia się w jego sytuację. Taka postawa wymaga, rzecz jasna, dobrej woli wobec ludzi. Agresja, oszczerstwo, plotka uniemożliwiają jakikolwiek dialog.

Niegdyś na krakowskim Kazimierzu siedemdziesięciu rabinów podjęło trud przetłumaczenia jednego wersetu z Tory na język polski. Każdy pracował samodzielnie. Ku zaskoczeniu wszystkich rabini przetłumaczyli werset jednakowo. O ile bardziej spektakularny byłby to sukces, gdyby zrobili to samo, ale pracując razem, w jednym pomieszczeniu! Porozumiewanie się to jedna z najtrudniejszych sztuk życia. Porozumieć się to iść po rozum drugiego, objąć i pojąc jego myślenie. Nie przekonać go do swojej racji czy osiągnąć kompromis, ale właśnie pojąć myślenie, odczuwanie drugiego.

Zawsze żyjemy razem z innymi, obok innych: we współpracy, w konflikcie, w szacunku i w nienawiści, w przyjaźni i we wrogości, ale nigdy osobno. W realizacji naszych pragnień, potrzeb, marzeń zawsze jesteśmy zależni od drugiego człowieka. Wszystko, co w życiu osiągamy, dzieje się przy towarzyszeniu i wsparciu innych. Podwyżki, awanse, rodzina, nagrody – wszędzie tam ktoś pomagał. Nawet urodzić się nie można samemu. Można za to samotnie umrzeć (przed czym przestrzegam, bo z tym już wcale nie jest tak wszystko jedno).

Cokolwiek się zdarzy, jedno pozostaje niezaprzeczalne: to wciąż inni ludzie najlepiej uczą nas kreatywności, śmiałości w myśleniu i odwagi w działaniu, wyzwalają w nas możliwości osiągania sukcesu. To LUDZIE wiodą nas do szczęścia i miłości. Zdrowe poczucie własnej wartości można osiągnąć tylko w relacjach z innymi, a nie budując i fortyfikując swój egoizm. To powinniśmy mieć na myśli, mówiąc o osobowości współzależnej.

Dzień 3

ZREZYGNUJ Z ZEMSTY

Mówi się, że zemsta jest ślepa. Oczami snajpera wpatruje się w drugiego. Z najmniejszymi szczegółami rejestruje jego poczynania. Niemniej zemsta jest bronią obosieczną – dosięga też mściciela. Zamyka go w pułapce przeszłości, w pozycji ofiary. Doraźnie kojąc, tak naprawdę przenika duszę niczym rak.

Na mścicieli patrzymy zazwyczaj ze strachem, z odrazą albo przynajmniej z niesmakiem. Dystansujemy się wobec nich, jakby przylecieli na ziemię z odległej planety. Nie chcemy mieć z nimi nic wspólnego. Twierdzimy, że język odwetu, rewanżu jest nam obcy. Zapewniamy, że brzydzi nas odpłacanie pięknym za nadobne. Ale pragnienie zemsty nie tak łatwo zbagatelizować. To uczucie stare jak świat, jedno z najsilniejszych, jakie zna człowiek. Jego moc można porównać do broni o największej sile rażenia. Niektórzy twierdzą, że pragnienie zemsty jest wpisane w naturę ludzką, zostało w nas wyrzeźbione przez dobór naturalny. Odczuwamy je, ponieważ przydawało się ono naszym przodkom w odległych czasach. Zemsta była metodą rozwiązywania problemów: po pierwsze zapobiegała ponownemu skrzywdzeniu, po drugie ten, kto ją wymierzył, zyskiwał reputację osoby, z którą nie warto zadzierać. A po trzecie, co może wydać się paradoksalne, zemsta od początku ludzkości prowokowała współpracę – kiedy grupa wspólnie planowała, jak ukarać tego, kto skrzywdził członka ich społeczności.

Trzeba jednak zadać sobie pytanie, jak kiełkują ziarna zemsty. Gruntem pod nią są złość, wściekłość, poczucie niesprawiedliwości, bezsilności. Często łapiemy się na tym, że mamy komuś za złe to, że jemu powodzi się lepiej, że coś przyszło mu łatwiej niż nam. Czy to skaza na ludzkiej kondycji? Nie. To połączenie zawiści z biernością, nieumiejętnością zmiany przekonania o niesprawiedliwym losie w aktywność, umiejętność osiągania celów poprzez zaradność, wysiłek intelektualny, pracę, oszczędność, odpowiedzialność.

Wiele osób jest owładniętych poczuciem krzywdy, niesprawiedliwości, które skutkuje pragnieniem zemsty za wszelką cenę na kimkolwiek. Krzykliwie domagają się oni sprawiedliwości, choć sami uchylają się od odpowiedzialności za siebie i innych. Odwet, zemsta poszukiwanie winy stają się wówczas działaniem zastępczym – aby zapomnieć, osłabić świadomość, że ja sam również jestem odpowiedzialny za to, co myślę, mówię i robię w życiu. Daniel rozumiał tę strategię, ale zdecydowanie ją odrzucał. Nie chciał, aby zło w nim pracowało. Zdawał sobie sprawę z niszczycielskiego i złudnego charakteru zemsty. Z tego, że napędza ona i rozszerza zgubne kręgi zła i przemocy.

Nigdy nie mogłem pojąć, skąd wzięło się przekonanie, iż zemsta jest rozkoszą bogów. Bogowie kojarzą mi się bowiem z siłą i dostojeństwem, zemsta zaś ze słabością, bezsilnością oraz tchórzostwem. Byłbym nawet skłonny powiedzieć, że zemsta jest swoistym aktem ludzi pozbawionych argumentów czy zdolności koncyliacyjnych. Współczesna kinematografia usiłuje nam wmówić, że to silni, odważni i godni zachwytu mściciele przywracają sprawiedliwy kształt świata. W rzeczywistości zemsta jest rozkoszą nie bogów, ale osób zalęknionych. Motywacja do zemsty to mieszanina rywalizacji i bezsilności. To pragnienie bycia górą, nawet jeśli brak po temu przesłanek. To brak narzędzi pozwalających zdobyć szacunek, umiejętności przekonywania innych. Towarzyszy temu wszystkiemu pogarda dla innych sposobów myślenia i działania. Akty zemsty bywają uzasadniane wzniosłymi ideologiami – jedną z najczęściej przywoływanych jest honor. Osobisty, rodzinny, narodowy itd. Rzecz znamienna, że uszczerbki na honorze ponoszą najczęściej ludzie słabi.

Zemsta to zawsze akt destrukcyjny. Z założenia ma spowodować szkody lub straty. Poczucie zwycięstwa, które daje, jest tylko chwilowe – i złudne.

Dzień 4

KONFLIKT OZNACZA NOWE MOŻLIWOŚCI

Człowiek jest istotą społeczną i choć trudno o pogląd mniej oryginalny, to właśnie fakt funkcjonowania w społeczeństwie decyduje, że jedną z naszych podstawowych zdolności powinna być umiejętność porozumiewania się z innymi. Mimo uświadomionej konieczności kształtowania autentycznych relacji międzyludzkich, człowiek przez całe życie boryka się z niepowodzeniami w codziennych kontaktach. Dzieci nie mogą porozumieć się z rodzicami, rodzice z dziećmi, pracodawcy z pracownikami.

Słyszmy lub czytamy niemal codziennie: „Ten kraj jest chory", „Chore jest prawo", „Pogoda jest chora", „Chore są drogi, szkoła, podatki". Jeden wielki lazaret. Czy może to być prawda? Można się pewnie o to sprzeczać, ale ponieważ takie głosy słychać stale i wszędzie, nie wypada zbyć ich wzruszeniem ramion. Nie możemy też ignorować codziennych obserwacji. Widzimy na ulicach smutek i złość. To jest smutek, który karmi się nieszczęściem innych. To jest smutek, któremu na imię „mnie się należy". I nie jest to złość, która skłania do szybkiej zmiany niekorzystnego stanu rzeczy. To złość na innych, na tych, którym jest lepiej. To złość, która nosi nazwę „tobie się nie należy". Często myślę o tym, że właśnie w tym przesunięciu ku negatywności rozliczne napięcia znajdują swoją pożywkę, że to stąd wynika dający się zauważyć brak zaufania.

Powszechna tendencja do narzekania. Przekonanie o małym wpływie na zdarzenia. Silne poczucie krzywdy. Przeświadczenie, że nie warto nikomu ufać. Zaufanie nie jest polską specjalnością. Wręcz przeciwnie: polską specjalnością jest nieufność. W tej dziedzinie bijemy najbardziej wyśrubowane rekordy świata. Trening w nieufności rozpoczyna się wcześnie i ma zazwyczaj pobożne uzasadnienie: nie rozmawiaj z obcymi, nie otwieraj drzwi nieznajomym, nie przyjmuj niczego od innych, bo nie wiadomo, o co chodzi. Zgoda, wszystko to uczy dzieci ostrożności. Tyle że obok, a często zamiast ostrożności, dzieci uczą się innej prawdy: ludziom nie można ufać. Prawda ta szybko zaczyna obejmować wszystkich: nikomu nie można ufać. Efektów nie trzeba szukać daleko. Żyjemy w świecie, w którym nieustannie konstruuje się alternatywy stanowcze: czarne czy białe, przyjaciel czy wróg, swój czy obcy. Tyle że porządek świata nie jest zbudowany wedle prymitywnej zasady albo-albo. A może ta nasza nieufność ma charakter prewencyjny? Taka specjalna odmiana zakładu Pascala. Lepiej nie ufać, bo a nuż się opłaci. Wtedy pozostaje tylko nieustanne patrzenie na ręce oraz mniej lub bardziej skrywana kontrola. Ale od dawna wiadomo, że to kontrola wzmaga nieufność, a nie odwrotnie. Trudno jest komuś zaufać, ale nie ufać nikomu nie sposób. Zaufanie wiąże się z ryzykiem, ale ten kto nie potrafi go podjąć, ryzykuje, że straci wszystko. Człowiek ufny i człowiek podejrzliwy żyją w tym samym miejscu, lecz w jakże odmiennym świecie. Jeśli nie nauczymy się elementarnej ufności wobec innych – i tych bliskich, i tych obcych – nadal będziemy przyczyniać się do niszczenia więzi między ludźmi, do zabijania lokalnych społeczności. Nieufność to podstępna i destrukcyjna siła. Co zatem pozostaje?

Żyjemy w pośpiechu i pomieszaniu, przez co trudno jest nam docierać do ważnych i głębokich potrzeb. Usiłujemy wyrażać siebie, staramy się rozumieć innych, jednak wiele relacji nie sprawia nam radości, wpędza nas w złość, poczucie winy, smutek. Dlaczego tak jest? Wydarzenia z życia proroka Daniela ukazują, że podstawowym narzędziem komunikacji jest język. Oczywiste jest więc, że sposób, w jaki go używamy, przesądza o tym, czy dialog będzie twórczy, czy też zmieni się w pełną przemocy wymianę, która potrafi ranić nie mniej boleśnie niż przemoc fizyczna. Jeżeli pragniemy, by nasze życie opierało się na relacjach otwartych, pełnych współczucia i zapewniających bezpieczeństwo, warto postrzegać konflikt jako szansę i nauczyć się rozmawiać z miłością – bardziej świadomie, ze zrozumieniem.

W języku chińskim słowo „konflikt" zapisuje się za pomocą dwóch symboli. Pierwszy oznacza zagrożenie, a drugi możliwości. To doskonale odzwierciedla naturę konfliktu. Daniel miał świadomość, że konflikty to naturalna część życia. Nawet jeśli ich unikamy, to nie uda nam się ich wyeliminować. Są one rodzajem komunikacji, który służy wymianie poglądów, przekonań, emocji i potrzeb. Daniel proponuje, aby konflikt postrzegać jako szansę. Aby się dogadać z innym człowiekiem, trzeba go najpierw zrozumieć. Podobnie jest z konfliktem – aby dostrzec w nim nowe możliwości, warto zgłębić jego naturę.

Każdy konflikt to spór. Jego podstawą jest przekonanie obu stron, że ich cele są sprzeczne i przeszkadzają sobie nawzajem w realizacji planów. Konflikt zaczyna się od jawnego sporu dwóch stron, ale nie jest z gruntu zły. Jest narzędziem, sposobem komunikacji.

Ludzie obawiają się konfliktu, postrzegają go bowiem jako rodzaj walki. Jeśli o konflikcie myślimy w kategoriach konfrontacji, to drugą osobę traktujemy jako wroga, którego musimy pokonać. Będziemy dążyć do pokonania przeciwnika, a nie do rozwiązania problemu, który wywołał konflikt. To ogromne niebezpieczeństwo. To nie konflikt jest źródłem nieporozumień, lecz sposób jego rozstrzygania. Mamy zazwyczaj rozbieżne cele – z dwóch powodów: albo dwie osoby chcą zdobyć to samo (np. jedno stanowisko, tę samą rzecz), albo zupełnie różne rzeczy. Podstawowym problemem jest postrzeganie celów jako wykluczających się, niedostrzeganie absolutnie niczego, do czego można by dążyć wspólnie. Zawsze jednak istnieją rozwiązania, na które obie strony mogą się zgodzić. Trzeba je tylko odnaleźć.

Kiedy mamy poczucie, że ktoś nas blokuje, przeszkadza nam, myśli inaczej niż my, w pierwszej chwili reagujemy złością. Warto jednak zacząć dialog z tą osobą, może się bowiem okazać, iż jej intencją jest jedynie zasygnalizowanie własnych potrzeb. Warto więc uważnie rozmawiać i słuchać.

Kiedy jesteśmy w konflikcie, mamy do dyspozycji trzy metody działania. Możemy próbować zmienić drugą osobę, sytuację lub swoją postawę i sposób komunikacji. Zmiana siebie to najtrudniejsza i zarazem najskuteczniejsza metoda rozwiązywania konfliktów, znacznie większy wpływ mamy bowiem na własne zachowanie niż na postępowanie drugiego człowieka. Łatwiej powiedzieć o drugim: „On mnie nie rozumie", niż zadać sobie trud poszukiwania odpowiedzi, co ja takiego robię, że on mnie nie rozumie, oraz co mogę zrobić, żebyśmy się lepiej poznali.

Oczekiwać jednak, że drugi człowiek będzie taki, jak my chcemy, budować relacje z wytworem naszych oczekiwań, a nie z rzeczywistą osobą, to narażać siebie na ewentualność cierpienia. Naiwne byłoby oczekiwanie, iż druga osoba będzie niczym zaprogramowany robot, który zawsze zrobi to, co chcemy. Naiwne albo strasznie nudne. Umiejętność postrzegania konfliktu jako nowych możliwości czyni z człowieka przyjaciela życia, a nie egoistycznego kontrolera, który rozkazuje życiu, jakie ma być. Ludzie nie zakochują się w robotach, jakie tworzą, ale w człowieku, którego poznają, za to, kim jest. Podsumowując: bądź sobą.

Dzień 5

MĄDRE ŻYCIE

„Słuchaj starszych, bo są mądrzejsi" – któż z nas nie zna takich zaleceń? Bywa, że starsi mają lepszy ogląd na wiele spraw – od kwestii odpowiedniego ubrania na daną pogodę po wybór studiów, życiowego partnera, mieszkania, kandydata na ważny urząd państwowy. Ale czy rzeczywiście mądrość idzie w parze z wiekiem? Osiągnięcie przez daną osobę zaawansowanego wieku zwiększa szansę na to, że jej życiowe doświadczenie oraz dojrzałość zostaną przekute na mądrość. Warto jednak mieć zawsze na uwadze słowa zapisane niegdyś przez Tadeusza Kotarbińskiego: „Mądrość sama sobie nie ufa, głupota sama sobie udziela kredytu bez granic".

Poszukiwanie wskazówek mądrego zachowania rozpocznijmy od proroka Daniela. To historia młodego człowieka, który potrafił podjąć największe wyzwania: niewoli, zerwanych więzi rodzinnych, obawy o przyszłość. Jego życiorys przypomina o naszych codziennych, z pozoru banalnych, próbach wychodzenia poza to, co już się wie.

Mądrość jest stara. Rodzi się nie tylko z własnego, choćby najbogatszego doświadczenia, ale przede wszystkim z szacunku dla wiedzy zgromadzonej przez minione pokolenia. Przekonanie, że o postępie stanowi zanegowanie wszystkiego, co dawne, prowadzi najczęściej jedynie do powtórzenia błędów poprzedników.

Mądrość jest stara. Niemniej starość i dawność niekoniecznie są tożsame z mądrością. Dawność, w odróżnieniu od mądrości, stoi tyłem do teraźniejszości i nieustannie powtarza: „Kiedyś było lepiej, kiedyś rodzice lepiej wychowywali dzieci, młodzież kierowała się prawdziwymi wartościami, ludzie naprawdę bali się Boga. Powietrze było czystsze, a jedzenie zdrowsze. Świat był kiedyś lepszy. Teraz wszystko zmierza ku nieuchronnemu upadkowi". Dawniej każdy znał swoje miejsce w otaczającym go świecie rodzinnym, zawodowym, sąsiedzkim. Dzisiejszy świat to miejsce, w którym każdy jest mniej lub bardziej samotny i sam musi znaleźć swoje miejsce w życiu. Dawnej wzorce bycia rodzicem, małżonkiem, funkcjonowania w ramach różnych grup i wspólnot były bardzo wyraziste. Teraz każdy sam może i musi decydować, kim chce być i jak chce żyć. To „dawniej" wydaje się często lepsze. Rodziny były trwałe, dzieci szanowały rodziców, ludzie utrzymywali żywsze kontakty. To prawda. Ale w wielu wypadkach za tymi obrazami krył się ogrom przemocy psychicznej i emocjonalnej. Obecnie małżeństwa i związki rozpadają się, ponieważ coraz mniejsza jest w ludziach świadomość, że relacje buduje się powoli i z wysiłkiem, opierając się pokusie szukania ścieżek na skróty. Młodzi ludzie, pozbawieni pomocy, sami muszą odnajdywać się w świecie dorosłości i odpowiedzialności, na którego progu często słyszą, że nikt ani ich samych, ani ich umiejętności wcale nie potrzebuje. Z drugiej jednak strony możliwości rozwoju i samorealizacji są dzisiaj niemal nieograniczone. Co jest lepsze? Czy owo „dawniej" – bezpieczne, ale ciasnawe, czy nowe „teraz" – zapraszające do dynamicznego rozwoju, ale pozbawione ram i czasem osuwające się w chaos? Sądzę, że „dawniej" mogłoby się połączyć z „teraz", gdyby oba te „czasy" spróbowały się nawzajem szanować. „Stare” można mieć, nie oglądając się za siebie, ale idąc dalej. „Nowe” zaś rozkwita, gdy nie zapomina o swoich korzeniach.

Druga wskazówka, jaką przekazuje nam prorok Daniel, odnosi się do relacji, które tworzył w nowych warunkach swojego życia. Co leżało u ich podstaw? Bliskość, czyli przekonanie, że ten drugi, kimkolwiek by był, to także człowiek, a więc bez żadnych warunków wstępnych przysługują mu wolność, godność, o życiu nie wspominając. To wielkie słowa, ale nie wolno nam zapominać o gestach najmniejszych i codziennych. O przejawach ludzkiego współczucia, odruchach altruizmu. Krótko mówiąc, o wielkich i małych dowodach na to, że można wyjść poza ciasne ramy własnego Ja, że możliwe jest włączenie tego Ja w coś cennego, w nasze, ludzkie, My. Chcemy być blisko siebie. Marzymy o takiej bliskości, która buduje prawdziwą więź, ale nie ogranicza wolności każdego z nas. I choć dążymy do niej, to jednak razem jedynie bywamy. Samotni w związku, rodzinie, wspólnocie religijnej, za murami wznoszonymi z lęku przed zranieniem. Oddalamy się od siebie nie tylko mentalnie, ale i fizycznie. Odgradzamy się od obcych. Ostatnio odwiedziłem moich przyjaciół w Warszawie, którzy kupili dom. Mieszkają na zamkniętym osiedlu z ochroną. Po drugiej stronie ulicy jest dom spokojnej starości – ogrodzony i pod okiem strażników, a nieopodal nowe przedszkole – też ogrodzone i monitorowane. Bez wysokiego płotu jest tam tylko cmentarz. To są znaki czasu.

Tęsknimy za kimś bliskim, kimś na stałe. Dlaczego więc nie potrafimy nawiązać bliskich więzi? Trwamy w izolacji bądź wchodzimy w przelotne związki i zrywamy je, gdy pojawi się jakiekolwiek zaangażowanie emocjonalne. Budujemy romantyczną więź trwającą do pierwszego kryzysu, który powoduje rozwianie się iluzji i rozstanie. Często popełniamy błąd wynikający z modelu życia narzuconego nam przez współczesność i traktujemy ludzi jak przedmioty. Wydaje nam się, że możemy ich przysunąć i w ten sposób wygenerować bliskość. Że są blisko, gdy mieszkają pod jednym dachem, a pewnie jeszcze bliżej, kiedy śpią w jednym łóżku. Paradoks bliskości tymczasem polega na tym, że można spać w jednym łóżku i pozostawać daleko od siebie, a przebywając na antypodach, być bardzo blisko. Bo o bliskości osób nie decyduje odległość w przestrzeni, tylko więź.

Nie jesteśmy blisko, kiedy jesteśmy „z", tylko wtedy gdy jesteśmy „dla". Musimy zdać sobie sprawę z tego, że próba odłączenia się od innych prowadzi do narcyzmu, osamotnienia. Z drugiej strony zaś zapominanie o swojej odrębności prowadzi do zaburzonych relacji. Cała mądrość życiowa polega na tym, żeby umieć wyznaczać granice oraz wiedzieć, z kim i jak głęboko wchodzić w relacje. Życiowy balans – to do niego zachęca nas prorok Daniel. „Nasze" bynajmniej nie musi zawierać „mojego", ale zgoda na prywatność wymaga mądrości, zaufania i odpowiedzialności. Szczególnie zaufania i odpowiedzialności. Największym wrogiem nieszanowania cudzej prywatności jest bowiem nieufność i nieodpowiedzialność. Każdy z nas potrzebuje tej osobistej, niedotykalnej przestrzeni, ale nie każdy ma w sobie dość odpowiedzialności i zaufania do innych, aby także im – dzieciom, podwładnym, mężom, żonom, przyjaciołom, sąsiadom – zapewnić minimum prywatności. Budować bliskość mogą osoby pochylone ku sobie nawzajem, ale jednocześnie nierezygnujące z siebie samych. Wspólnota małżeńska, rodzicielska czy duchowa nie może oznaczać zlania się. Tracąc odrębność, stracimy wszystko to, co wiąże się z darem spotkania. Jednocześnie jednak nie możemy zaniedbywać obszaru wspólnego bycia razem i dzielenia się wieloma rzeczami.

Życie mądre to chęć i zdolność rozumienia innych ludzi i zdolność przyjmowania ich perspektywy; rozumienia siebie samego w obliczu nieznanego, a także coraz lepiej poznawanego świata. To bycie w drodze ku innym, ku nieznanemu światu.

Dzień 6

MARZENIE O SPOKOJU

Marzymy o spokoju – takim niewzruszonym. Pragniemy go i za nim tęsknimy, jesteśmy gotowi szukać go na końcu świata. A im bardziej za nim gonimy, im dalej go szukamy, tym mniej go w sobie znajdujemy. Jak bowiem odnaleźć spokój wśród tylu zajęć, pośród zgiełku naszych miast? Jak go znaleźć, gdy mamy wewnątrz wmontowany program „nigdy dość" sukcesów, pieniędzy, sławy?

Na pierwszy rzut oka spokój jest dla wszystkich stanem pożądanym. Nieustannie słychać a to „daj mi spokój", a to „zostaw mnie w spokoju", „uspokój się". Mamy też *Rok spokojnego słońca*, Ocean Spokojny, no i wreszcie powiedzonka: „spokojna głowa" czy „spoko!".

Muszę przyznać, że nie do końca rozumiem te zachwyty nad spokojem. Jest tak od bardzo dawna. Moja mądra matka ostrzegała mnie, że z powodu nadmiernej ciekawości nigdy nie zaznam spokoju. Kiedy mi to mówiła, nie wyglądała jednak na zmartwioną. Ja natomiast zastanawiałem się przez jakiś czas nad tym matczynym sformułowaniem. Aż w końcu zrozumiałem, że spokój jest fikcją. Złudzeniem.

Bo co to znaczy „spokój"? Czy jest to stan ukojenia? Chwila radości? Poczucie ulgi? Doznanie doraźnej przyjemności? Takie jak po zakupie wymarzonego gadżetu? Takie jak po usłyszeniu diagnozy lekarskiej, która okazała się mniej groźna, niż przypuszczano? Takie jak po zażyciu mocnego leku przeciwbólowego? Nie sądzę. A więc kiedy mamy spokój? Gdy wszystko jest na swoim miejscu? Panują porządek, harmonia, cisza, letarg? Na monitorze obrazującym pracę serca pojawia się ciągła prosta zielona linia? Trąci to mocno jednostajnością i nudą, by nie powiedzieć śmiercią. A może spokój jest wtedy, gdy mamy to, czego pragniemy? Gdy zdarzy nam się osiągnąć specjalny stan zawieszenia: marzenia z przeszłości już zostały spełnione, a marzeń dotyczących przyszłości jeszcze nie zdążyliśmy przygotować. Taki stan, który w języku polskim nadzwyczaj zręcznie nazywa się międzyczasem. Kiedy spokoju brak – zdaje się on lekarstwem na wszystko. Kiedy znów nami zawładnie, to już po chwili zaczyna być męczący, a nawet destruktywny. Chcemy spokoju w chwili niespokojnej. Chcemy poruszenia, niepokoju w chwili spokojnej. Wygląda na to, że nie ma dobrego wyjścia. Dlatego najbliższa jest mi myśl, że spokój to świadomość, że żyjemy w świecie, który ze swej natury jest różnorodnością, wieloznacznością, niepewnością.

Pragniemy spokoju, ale mylimy go z różnymi rzeczami: nudą, nicnierobieniem, wycofaniem się, odcięciem. Spokój myli nam się z uwalnianiem się od odpowiedzialności. Owszem, osiągamy pewne korzyści płynące z takich postaw, ale są one ulotne i krótkotrwałe i w istocie to nie jest spokój właściwy.

Na czym polega stan umysłu określany przez nas jako spokój? Wydarzenie z Pisma Świętego, którym jest post Daniela, dowodzi, ża ta postawa wynika z poczucia wewnętrznej zgody na siebie i nasze życie. W dzisiejszych czasach najczęstszym źródłem niepokoju są zaburzenia poczucia własnej wartości, czyli to, co nazywamy osobowością narcystyczną. Człowiek czuje wówczas przymus ciągłego udowadniania swojej wartości i przydatności. Bez końca musi legitymizować swoją obecność na tym świecie. Coraz powszechniejsze jest uzależnienie poczucia wartości od zewnętrznych wyznaczników statusu. Żyjemy w rzeczywistości, w której wartością są posiadanie i popularność. Ale gdy miłość i prawdziwe wartości pomylimy z posiadaniem i popularnością, to skazujemy się na koszmarne życie. Narcystyczne przesunięcie jest obecnie tak powszechnie jak chyba nigdy dotąd. Jego powodem wbrew pozorom nie jest chciwość na pieniądze, lecz chciwość na to, kto jest lepszy, kto lepiej wypadnie, kto osiągnie większy sukces. Współczesne oblicze kryzysu polega na przyćmieniu wartości wyższych, zwłaszcza duchowych, przez wartości niższe, tak jakby życie człowieka sprowadzało się jedynie do przyjemności, użyteczności i witalności. Technika bierze w posiadanie nie tylko ludzkie ciała, ale i dusze. Marzeniem współczesnych ludzi nie jest już zbawiony świat, nawet nie baśniowa kraina mlekiem i miodem płynąca, lecz kolejny samochód lub telewizor.

Obecnie zrozumieliśmy, że nie można dalej bezkarnie rozwijać cywilizacji, nie chroniąc przyrody, że musimy ponieść koszty tej ochrony, aby dalej móc żyć. Wydaje się, że nadszedł czas, by upomnieć się także o ochronę ludzkiego ducha. Nie wystarczy sprowadzić naszego myślenia do rozumu instrumentalnego. Ten bowiem wie, jak działać, jak osiągać techniczne cele, ale nie potrafi wskazać sensu życia. Odpowiedzią jest powrót do doświadczenia duchowego, w ten sposób można dzisiaj odzyskać spokój. To długi proces. Współczesny człowiek powinien się urealnić. Zrezygnować z iluzji na własny temat. Doświadczyć smutku i rozczarowania, dowiadując się, że ulega manipulacji, że zainstalowano mu program nieustannego niedosytu i niewiary w to, że ktoś może go kochać bezinteresownie. Urealnić się to doświadczyć swoich prawdziwych wewnętrznych potrzeb i uczyć się czynić im zadość. Możemy oczywiście od tego uciekać, kryć się przed złożonością świata, ale możemy też wyjść temu naprzeciw.

Pracując z ludźmi, poznając koleje ich losów, widzę, że trudne momenty, a nawet to, co nazywają nieszczęściem, wpisują się harmonijnie w dobry, celowy i wzbogacający proces ich życia. Źródłem spokoju jest świadomość, że w życiu są sprawy dalece ważniejsze niż walka o własną pozycję i reputację. Jesteśmy wartością nie dlatego, że jesteśmy wykształceni, dobrze wychowaliśmy dzieci, rzetelnie pracujemy. Jesteśmy wartością dlatego, że umarł za nas sam Bóg.

Dzień 7

KŁAMIEMY I JESTEŚMY OKŁAMYWANI NA CO DZIEŃ

Kurtyna w górę. Jakie oblicze dziś pokażesz? Przyjaciela, spryciarza, samarytanina? W życiu jak na deskach teatru – codziennie i na nowo tworzymy wariant samych siebie. Coś odsłaniamy, a coś innego skrywamy za maskami.

„Kłamstwo nie różni się niczym od prawdy, prócz tego, że nią nie jest" – zauważył Stanisław Jerzy Lec. Nie wiadomo tylko, czy martwić się z tego powodu, czy może cieszyć. Dlaczego? Przeczytałem kiedyś, że dobra opowieść opiera się na fikcji, a ciekawa biografia zbudowana jest na kłamstwie. W obu wypadkach dowodzi się, że prawda jest mniej ciekawa niż zmyślenie. Pewnie tak jest, a w każdym razie może tak być, bo prawda ma swoje ograniczenia, a zmyślenie jest ich pozbawione. Może dlatego, choć prawda jest jednym z warunków efektywnej komunikacji między ludźmi, zmyślenie jest tak powszechne. Co chwila stykamy się z konfabulacją, obłudą, udawaniem, grą pozorów.

Udajemy od maleńkości, ale swoiste pandemonium udawania rozpętuje się w dorosłym życiu. Gramy głupich albo mądrych, dobrych albo złych, zdrowych albo chorych, kochających albo oziębłych. wchodzimy w różne role w pracy, w domu, w rozmowach z bliskimi i obcymi. Miny, pozy i maski – za tymi słowami kryje się wszystko, co dotyczy udawania, pokazywania kolejnych, coraz to innych twarzy, ukrywania się, robienia dobrego wrażenia na innych ludziach. Innymi słowy mamy tu powszechne objawy tzw. lansowania się.

Ktoś mógłby zapytać: „No dobrze, udajemy na potęgę, ale czy wierzymy też w spektakle, które inni odgrywają przed nami?". Odpowiedź wydaje się oczywista: gdyby nikt nie wierzył, nie udawalibyśmy. Tymczasem wcale tak nie jest. Owszem, zdarza się nam uwierzyć w czyjeś udawanie, ale bardzo rzadko dajemy się nabrać; przyjmujemy je raczej za dobrą monetę: ja wiem, że ty udajesz, ty wiesz, że ja udaję, ale oboje udajemy, że nikt nie udaje, bo to się nam opłaca. Taka autoprezentacja rzadko kiedy jest jednak skuteczna; działa zazwyczaj tylko na jedną osobę – na te wszystkie miny, pozy i maski nabierają się przede wszystkim lub tylko sami autoprezenterzy. Publiczność jakoś nie daje się przekonać. Koleżanki i koledzy dobrze wiedzą, że skuteczny „lans" jest czystym złudzeniem „lansiary". Prawda, tak skrzętnie przez nas skrywana, nie daje się ukryć przed innymi. Udajemy z mnóstwa powodów. Jest ich tyle, ile sytuacji, w których znaleźli się udający. Na czym opiera się nasza skłonność do udawania, do kłamstwa?

W języku polskim istnieje słowo, które niezwykle trudno przetłumaczyć na jakikolwiek inny język: „załatwić". Oznacza ono ułatwianie czegoś za pomocą działania wyrażonego przedrostkiem „za-". I tak mówimy: zapłacić, zadośćuczynić, zadowolić. Sam język poświadcza, że w naszej kulturze, by coś osiągnąć, należy wykorzystać wszelkie możliwe sposoby. Wśród nich jest też kłamstwo. Kłamiemy i jesteśmy okłamywani na co dzień. Być może to dlatego mamy do kłamstwa stosunek dwuznaczny: potępiamy je, ale równocześnie chętnie je stosujemy. Czy potrafimy jednak zdefiniować, czym ono jest? Czy potrafimy to wyrazić? Za kłamstwo na pewno uznamy wygłaszanie twierdzeń niezgodnych z rzeczywistością, czyli mówienie nieprawdy. Posługujemy się też określeniami „błędne stwierdzenie", „fałsz", „pomyłka", „zmyślenie". Z pozoru wszystkie one mówią o tym samym, ale intuicyjnie czujemy, że tak nie jest. Co nam przeszkadza w precyzyjnym zdefiniowaniu kłamstwa? Przede wszystkim różnice w jego rozumieniu. To właśnie subiektywne kryteria powodują, że każdy z nas nieco inaczej patrzy na kłamstwo – to, co jeden uzna za ewidentne oszustwo, drugi potraktuje jak pomyłkę, tym bardziej że ludzie kłamią nie tylko w sytuacjach ekstremalnych, ale traktują kłamstwo jako wręcz nieodzowny element komunikacji. Dlaczego oszukujemy innych i samych siebie? Co skłania ludzi do kłamstwa? Istnieją przynajmniej trzy przyczyny. Często wolimy nie widzieć i nie wiedzieć. W ten sposób tworzymy świat, w którym kłamstwo pomaga nam przetrwać. Stwarzamy sobie taką wygodną iluzję. Chcemy np. wierzyć, że w trudnych okolicznościach to nasze rozwiązanie jest idealne, że wyłącznie my mamy rację. W rzeczywistości oznacza to histeryczną nietolerancję odmiennych sugestii. Oszukujemy również po to, aby nie myśleć. Każdy z nas ma określone postawy, poglądy. Ale posiadanie takich stałych, niezmiennych wzorów zachowania czy oceny naszego otoczenia rozleniwia nas, zwalnia z krytycznego myślenia. Ślepo wierzymy, że takie czy inne środowisko zawsze ma rację. I znów iluzja. Posługujemy się kłamstwem także po to aby nie czuć, aby zapewnić sobie komfort psychiczny, unikając dezaprobaty, krytyki i wszelkich innych komplikacji mogących wynikać z prostolinijnego powiedzenia prawdy. Kłamiemy zatem, by zyskać szacunek, lepiej się zaprezentować, zdobyć prestiż, a przede wszystkim za strachu przed własną niedojrzałością.

Dzisiejszy świat jest inny niż ten sprzed kilkudziesięciu lat. Dawniej człowiek rodził się, chodził do szkoły, kończył ją, potem naturalnie wkraczał w przestrzeń pracy i rodziny. Pomagały mu w tym nakreślone przez społeczeństwo schematy. Dzięki temu świat wydawał się stabilny. Obecnie te ścieżki utraciły swoją oczywistość. Współczesność dała nam z jednej strony możliwość życia całym bogactwem swojej osobowości, z drugiej zaś przyniosła potężne zagrożenia, z którymi wielu nie potrafi sobie poradzić. Dzisiaj wszystko zależy od nas samych. Wszystkim musimy pokierować sami, o wszystkim sami zdecydować. A to jest trudne. Pojawia się więc rozdwojenie. Ludzie chcą czerpać z dorosłości, wolności wyboru, nie chcą, by ich ktoś kontrolował, ale równocześnie chętnie zachowaliby dziecięce poczucie bezpieczeństwa. Chcieliby robić wszystko, na co mają ochotę, a zarazem nie chcą ponosić odpowiedzialności. Potrzebujemy przewodnika, który pokaże nam drogę wyjścia z takiej parady oszustów. Musimy pozwolić na postawienie sobie wymagań.

Post Daniela takie wymagania nam stawia. Post Daniela proponuje, abyśmy przemieniali swój sposób myślenia, patrzenia, odczuwania; abyśmy mieli odwagę wprowadzać w naszym życiu zmiany, kiedy są konieczne. Abyśmy przestawiali się na inne tory myślowe, przyjmowali inne postawy życiowe. Czy jesteśmy skazani na udawanie? Czy przyjdzie pokolenie, które przestanie udawać? Jestem przekonany, że jako ludzkość zmierzamy w dobrym kierunku. Stopniowo odkrywamy bowiem coraz większą wagę duchowości. Dokonuje się to powoli, ale skutecznie. Już teraz widać i słychać, że ludzie nie będą w nieskończoność zgadzać się na życie w nieludzkiej kulturze niezaspokającej ich fundamentalnych potrzeb.

Wydarzenie postu jest dla nas nośnikiem strategicznej informacji. Udawanie staje się niebezpieczne, kiedy jest go zbyt dużo w ludzkim działaniu. Jest niebezpieczne, gdy człowiek przystosowuje się wyłącznie do warunków zewnętrznych, zapominając lub na skutek określonego przekazu nigdy nie dowiadując się o tym, że przystosowanie do współczesności wymaga przede wszystkim poznania prawdy o sobie i świecie.

Dzień 8

HOJNOŚĆ JAKO STYL ŻYCIA

Współczesność jest naznaczona nakazem pogoni za wciąż oddalającym się ideałem szczęścia. Sukcesem, a najlepiej całym pasmem sukcesów rodzinnych, towarzyskich, zawodowych i finansowych. Tak właśnie wyobrażamy sobie nasze nowe wspaniałe życie. Zapominamy, że zdobycie wyznaczonego szczytu nie zapewnia trwałej satysfakcji, tuż za nim piętrzy się zwykle szczyt następny. Na ogół jeszcze wyższy, jeszcze trudniejszy do zdobycia. Zadowolenie z życia utożsamiamy też z koncentracją na doskonaleniu siebie i realizacji celów. Problem w tym, że zbyt szybko przyzwyczajamy się do tego, co jeszcze niedawno wydawało się nam pełnią szczęścia. Do związku z ukochaną osobą, satysfakcjonującej pracy czy pogodnych dzieci. Nieustannie poszukujemy drogi do lepszego życia. Zawodzą nas jednak GPS-y nastawione na konkretne cele czy mapy z kolejnymi szczytami do zdobycia. A gdyby tak wybrać podróż mniej uczęszczaną ścieżką?

Hojność i samowspółczucie to kolejna propozycja postu Daniela.

Łatwo jest brać, trudniej dawać. Wydaje się nam, że gdy inni coś zyskują, my tracimy. Nic bardziej błędnego. Im więcej bowiem dajemy, tym więcej otrzymujemy. Bo dawanie i branie to po prostu dwie strony tej samej monety. Dawanie przynosi darczyńcy wiele korzyści. Czasem myślę, że tak naprawdę nie ma nic bardziej samolubnego niż akt hojności. Ludzie zakładają, że gdy coś dają, a w zamian nie otrzymują namacalnej nagrody, to tracą. Rozmiar tortu w mniemaniu wielu osób jest z góry określony. Kiedy ktoś dostaje porcję, pozostali tracą.

Pierwszym krokiem, kamieniem milowym na drodze ku hojnemu światu, jest zrozumienie, że hojność jako styl życia, dawanie i dzielenie się, nawet gdy nie widać namacalnej nagrody, jest korzystna zarówno dla otrzymujących, jak i dla dających. Nagroda za hojność ma czasem formę sukcesu materialnego, zawsze jednak przynosi korzyści w postaci większego poczucia szczęścia. A szczęście jest niewyczerpywalne. To że ktoś zjada kawałek tortu szczęścia, wcale nie oznacza, że zabraknie go dla innych. Hojność jest najlepszym sposobem pomnażania dóbr emocjonalnych i duchowych. Czerpiemy ogromną satysfakcję z dawania i to niezależnie od tego, czy otrzymujemy za to zewnętrzne nagrody, czy nie. Szkoda, że wciąż najczęstszą formą hojności jest ta kalkulowana, w której wymaga się wdzięczności lub oczekuje korzyści. Hojność jest warunkiem tworzenia dóbr. Aby zyskać, najpierw musimy coś dać. Jesteśmy niczym rurociąg, którym płynie dostatek duchowy i materialny. Przewodzimy dobra, emocjonalne i fizyczne. Kiedy pozwalamy, aby dobra, które otrzymujemy, swobodnie przez nas przepłynęły, czyli dzielimy się nimi z innymi, wtedy otwieramy się na więcej. Jeżeli natomiast zamkniemy ujście rurociągu, ograniczymy własną pojemność. Gdy się dzielimy, pozwalamy dostatkowi iść dalej, zwalniamy miejsce na kolejne dobra. Analogia do rurociągu pokazuje, że dawanie i branie jest niezwykle dynamicznym i twórczym procesem. Im więcej dajemy, tym więcej otrzymujemy.

Zatem dawać. Ale jak? Bezmyślna hojność może wyrządzić dużo szkody. Może wzmacniać zależność, podtrzymywać biedę. Zdrowa hojność wymaga racjonalnego podejścia i wiąże się z dostrzeżeniem szerszej perspektywy. Trzeba przemyśleć możliwe konsekwencje aktu hojności. Nie zachęcam też do hojności opartej na poświęceniu, dawania z poczucia obowiązku, ponieważ trzeba lub wypada. Tak realizowana hojność nie utrwala dobra, wręcz przeciwnie: rodzi wrogość i frustrację. Co powinniśmy zrobić, aby stworzyć hojny świat?

Z natury jesteśmy hojni. Pragnienie czynienia dobra jest naszą wrodzoną skłonnością. Warto ją pielęgnować. A jednak świat pełen jest ludzi zachłannych, chciwych, dbających wyłącznie o własny interes. Dlaczego? Pierwsza przeszkoda wypływa z negatywnych schematów i szkodliwych modeli zachowań wpajanych nam przez lata i kierujących naszym postępowaniem. Wyobraźmy sobie, że wciąż słyszymy, że życie to gra o sumie zerowej, że zysk jednej osoby pociąga stratę kogoś innego, że sukces odnoszą ci, którzy myślą tylko o sobie. Ostatecznie możemy nasiąknąć tymi przekonaniami, ale życie to gra, w której niekoniecznie muszą być wygrani i przegrani. Już czas zrewolucjonizować świat duchowy. Warto zrozumieć, że wewnętrzne skarby nigdy się nie wyczerpują i pomnażają, gdy się nimi dzielimy. Ponadto hojność wobec innych zakłada hojność wobec siebie. Osoba, która nie ceni siebie, jest mniej skłonna dzielić się z innymi. Nasze postawy oraz zachowania wobec innych odzwierciedlają postawy i zachowania wobec samych siebie.

Zdrowe poczucie własnej wartości można osiągnąć poprzez szacunek do siebie, a nie budując i fortyfikując swój egoizm. Dlatego warto uczyć się samowspółczucia. Aby to lepiej zrozumieć, wyobraź sobie, że udało ci się perfekcyjnie schrzanić sprawę. Nieistotne, czy było to spóźnienie na ważne spotkanie, czy drobna stłuczka. A teraz wyobraź sobie, że coś takiego zdarzyło się twojemu przyjacielowi. Co mu powiesz? Może: „To nie jest tego warte" albo „Nie zadręczaj się tak". Zadziwiające, jak rzadko takich rad udzielamy samym sobie.

Warto okazywać sobie życzliwość. Ta koncepcja istnieje od początku Pisma Świętego i składa się z trzech komponentów, które precyzyjnie uwydatnia post Daniela. Te komponenty to życzliwość wobec siebie, poczucie wspólnoty z innymi ludźmi oraz uważność. Pierwszy z nich polega na odrzuceniu osądzającej postawy wobec własnych doświadczeń. Wewnętrzny dialog większości ludzi jest pełen słów ostrej krytyki, a tymczasem powinniśmy rozmawiać ze sobą w sposób wspierający.

Kolejnym krokiem jest przyjrzenie się swoim doświadczeniom w kontekście ludzkiej wspólnoty. Kiedy w naszym życiu źle się dzieje, pojawia się dramatyczne pytanie, dlaczego spotkało to właśnie mnie. Jesteśmy przekonani, że wszystko powinno odbyć się inaczej, narastają w nas poczucie osamotnienia i lęk. A co by się stało, gdybyśmy uznali, że życie jest niedoskonałe i potrzebujemy wsparcia innych? Ryba próbująca wspinać się po drzewach spędzi całe swoje życie w poczuciu beznadziejności nie dlatego, że czegoś jej brakuje, ale dlatego, że przebywa w niewłaściwym środowisku. Ludzie rozwiązują problemy, rozwijają swój potencjał, robiąc określone – a nie wszystkie – rzeczy w odpowiednich miejscach i w odpowiednim czasie, spędzając czas z właściwymi dla nich osobami. Kochaj swoją rodzinę, spędzaj czas z tymi, przy których ewoluujesz i czujesz się szczęśliwy. Trzecim komponentem samowspółczucia jest uważność. Uważność wymaga, by widzieć rzeczy takie, jakie są naprawdę. Chroni to człowieka przed wyolbrzymianiem trudności czy przyjmowaniem roli ofiary. Czy samowspółczucie nie doprowadzi jednak do pobłażliwości wobec siebie? Przecież można zacząć wybaczać sobie zawsze i wszytko, nawet jeśli ewidentnie źle postąpiliśmy. Na ogół unikamy odpowiedzialności, która sprawia, że źle się ze sobą czujemy. Jednak osoby samowspółczujące potrafią przyznać się do błędu, a zarazem nie pogrążają się w samooskarżeniach.

W przeciwnym wypadku wpada się w negatywne pułapki myślowe. Nienawidzisz swojej pracy, ale nie szukasz innej, bo wszędzie jest tak samo źle. Masz dość agresywnego męża czy żonę, ale zamiast podejmować próby zmiany tej sytuacji, obwiniasz się i karzesz za błędy. Myślimy: to moja wina, mnie się nigdy nie udaje, jestem do niczego. Spodziewamy się czarnych scenariuszy, oczekujemy wszystkiego, co najgorsze. Przestajemy aktywnie wpływać na rzeczywistość, a w konsekwencji przyczyny wszelkich niepowodzeń znajdujemy tylko w sobie, nie uwzględniając okoliczności zewnętrznych. Skąd w nas ta obezwładniająca bezradność? Dlaczego nie realizujemy zamierzonych działań, nie podejmujemy inicjatywy, aby poprawić jakość swojego życia? Dlaczego nie robimy nic ze swoim życiem, nie rozwijamy się, zgadzamy się na przemoc, upokorzenia i zaniedbanie? Skąd w nas ta niemoc? Odpowiedzią na pytanie o źródło takich postawy może być brak hojności i samowspółczucia.

Na pewno mieliście kiedyś okazję przyglądać się trolejbusom, które mogą się poruszać jedynie pod warunkiem zachowania kontaktu z przewodami trakcyjnymi. Nie mogą go stracić, gdyż zapewnia im on energię. Nieco podobnie jest z człowiekiem. Człowiek ma swobodę, ale powinien czuwać nad tym, by nie zerwać kontaktu z Bogiem. I to jest podstawowa prawda naszego postu. Duch Święty pragnie nas wspierać, pragnie, aby człowiek z Nim współmyślał. Bardzo wielu z nas marnuje swoje możliwości duchowe przez brak tej relacji. Jest w naszym życiu podstawowe zaangażowanie, które od nas nie zależy; nie możemy go uniknąć ani się z niego wycofać. Jest to zaangażowanie w istnienie. Z tego powodu życie stawia przed nami alternatywę, z której nie możemy się wycofać: jeśli nie rozwiniemy relacji z Duchem Świętym, jeśli nie rozwiniemy się w hojności, to poniesiemy życiową porażkę.

Nikt tej hojności oraz samowspółczucia nie ma gotowych w sobie. Aby je wykształcić, potrzeba czasu i nauczyciela. Dla nas, wierzących, tym nauczycielem jest Duch Święty, który troszczy się o każdego z nas. Nie przychodzi do nas jako najemnik, nie będzie wywierał na nas nacisku, nie pokaże nam kija ani marchewki, nie będzie nas kusił karierą. Nie poprowadzi kampanii reklamowej, nie będzie wykorzystywał naszych wad ani zalet, nie zasypie nas statystykami, nie posłuży się naszym emocjami. Duch Święty nie jest politykiem. Nie będzie zabiegał o nasze poparcie, składał obietnic bez pokrycia ani nie pokaże nam programu na następne cztery lata. Jest opiekunem i to, co pragnie nam dać, zawiera w sobie odpowiedź w kwestii życia i śmierci. Duch Święty ma moc prostowania naszych charakterów i uleczenia lęków, otwiera nam drogę do prawdziwego, twórczego i hojnego życia.

Dzień 9

CIERPLIWOŚĆ – ORIENTACJA NA TERAŹNIEJSZOŚĆ

Żyjemy szybko, błyskotliwie, żyjemy w świecie natychmiast. Pędzimy – popędzani, nakręcani na czas; jedną nogą jesteśmy już zawsze w przyszłości. Nie znosimy przeciwności losu. Nie cierpimy czekać na rzeczy, słowa, uczucia; wściekamy się i wybuchamy, tracąc zdrowie, miłość i pieniądze.

Mamy w sercu jaskółczy niepokój. Denerwujemy się, gdy dzieci zbyt wolno jedzą śniadanie. Tracimy cierpliwość, gdy tłumaczymy po raz trzeci to samo zadanie z matematyki. Irytują nas kolejki do okienka na poczcie, w przychodni, do kasy w supermarkecie. Chcemy jak najszybciej spłacić kredyt mieszkaniowy, choć trochę go nadpłacić, bo przeraża nas wizja mozolnego oddawania długu przez dwadzieścia pięć lat. Żyjemy w cywilizacji niecierpliwości, której orędownik i patron nosi imię JUŻ. Niecierpliwość pogania nas i sprawia, że i my popędzamy ludzi, popychamy rzeczy. Niecierpliwość to epidemia naszych czasów. Gdzie znaleźć na nią lekarstwo? Właśnie w poście Daniela.

Skąd w nas niecierpliwość? Dlaczego czekanie sprawia nam niemal fizyczny ból, podnosi nasze ciśnienie? Dlaczego powoduje, że tak bardzo wzbiera w nas rozgoryczenie i frustracja, że aż w końcu wybuchamy? Gdzie bije źródło tej mieszanki? Antropologowie wskazaliby zapewne na jej ewolucyjne uzasadnienie. Zdolność do błyskawicznych reakcji decydowała o przetrwaniu naszych praprzodków. Ludzki mózg kształtował się, faworyzując impulsywność, i w ten sposób przystosował człowieka do środowiska pełnego bodźców i zagrożeń. Natura promowała pęd naprzód, ale na pewnym etapie rozwoju ludzka kultura powiedziała: stój.

Rozwój cywilizacji i kultury wyhamował ludzką impulsywność. Zastąpił ją cierpliwością plemion rolniczych, wytrwałością poszukiwaczy, budowniczych. Było tak aż do

XX wieku, w którym rozwój technologii umożliwił zdobywanie coraz szerszej palety dóbr w coraz krótszym czasie, eliminując konieczność cierpliwego czekania. Mamy w domu szybki internet, pralkę z systemem błyskawicznego prania, szybkowar do ugotowania obiadu w kwadrans. Pewnie dzięki temu oszczędzamy mnóstwo czasu. A jednak ciągle nam go brakuje. Równowaga między niecierpliwością a powściągliwością została naruszona. Nasze serca są pełne szumu.

Popędzamy ludzi, popychamy rzeczy. W tych silnie naznaczonych perfekcjonizmem czasach ludziom wydaje się, że zmieścić się w terminie to za mało. Wielu uważa, że terminy trzeba wyprzedzać, co prowadzi do chorobliwego pośpiechu. Paradoksalnie zatem pośpiech skraca życie. Im bardziej się spieszymy, by zaoszczędzić czas, tym więcej go tracimy.

Codziennie doświadczamy sytuacji, w których tylko aniołom wystarczyłoby cierpliwości. A przecież my jesteśmy ludźmi i żyjemy wśród denerwujących osób. Jak tu być cierpliwym? Dynamika postu Daniela wskazuje, że niecierpliwość jest ściśle związana z perspektywą postrzegania czasu. Z tym, czy człowiek jest otwarty na doświadczenie teraźniejszości, czy nieustannie wybiega myślami w przyszłość. Idealną pożywką dla niecierpliwości jest orientacja jedynie na przyszłość. Post Daniela to wezwanie do przeorientowania się na teraźniejszość. To zaś oznacza skupienie się na tym, co niesie ze sobą każde dzisiaj, wówczas bowiem łatwiej jest trzymać w normie nasze pragnienie lepszego jutra. Jak mawiał papież Jan Paweł II, jutro zaczyna się dzisiaj.

Postawa Daniela podpowiada i to, że w pracy nad cierpliwością bardzo ważna jest kontrola emocji, zwłaszcza tych adrenalinowych. Daniel umiał spokojnie wyrazić swoje potrzeby zamiast od razu robić awanturę. Tym samym jego postawa obala mit, że publiczne okazywanie innym swojego zniecierpliwienia może zniwelować złość. Kiedy jesteś na kogoś zły, zrzucenie tego z siebie w agresywnej konfrontacji czy zranienie drugiego człowieka nie zneutralizuje negatywnych uczuć, lecz niemal na pewno je nasili. Pomimo potocznych sądów wygląda na to, że coś takiego jak wyładowywanie złości jest rzeczą fikcyjną. Jeśli mamy szansę wyładować złość na innej osobie, w dwójnasób pogarszamy sytuację. Widząc własne zachowanie, myślimy bowiem: „Ależ jestem zdenerwowany. Jak on mnie musiał zdenerwować, że się tak zdenerwowałem". Zaczynamy uważać, że skoro zareagowaliśmy aż tak ostro, to osoba, która nas do tego sprowokowała, nie może być niewinna. Przecież inaczej byśmy tak nie zareagowali!

Ilość złych myśli pod adresem drugiej osoby rośnie, żeby usankcjonować naszą złość. Rozsądniejszą i zdrowszą strategią jest zatrzymanie uczuć dla siebie przynajmniej do chwili, gdy najsilniejsza fala gniewu minie i będziemy mogli zastanowić się nad swoimi pretensjami i nad tym, czy w danej chwili można im zaradzić. Jakiś czas temu stałem w kolejce do stoiska mięsnego. Kilka osób zaczęło fukać na emeryta, który długo wybierał wędlinę. Po chwili okazało się, iż stojąca za nim trzydziestolatka wcale nie krócej kaprysiła przed ladą. W kolejce znów zawrzało. Wtedy stojąca za mną starsza pani rozładowała napięcie, mówiąc: „A zobaczycie państwo, ile ja będę wybierać!". Cierpliwość to zgoda na to, że życie toczy się nieraz własnym rytmem, zgoda na to, by nie popędzać ludzi, nie popychać rzeczy.

Niezdrowa rzeczywistość nie jest już gdzieś daleko w filmach czy książkach, ale puka do naszych drzwi. Wiele osób poszukuje rozluźnienia w używkach, lekach, alkoholu, narkotykach. Wielu nie potrafi otworzyć się na swoich bliskich, traktuje ich jako kolejne zadanie lub projekt. Niektórzy uważają, że im więcej posiadają, tym większą mają gwarancję szczęścia i radości, choć gołym okiem widać, że wcale tak nie jest. Coraz więcej z nas widzi wartość w szybkości. Im szybciej gdzieś dotrzesz, im szybciej się nauczysz, doznasz czegoś więcej, tym lepiej. Nie jesteśmy zakorzenieni we własnym życiu, nie doświadczamy go, ponieważ nieustannie staramy się realizować jak najwięcej często chaotycznie wyznaczonych celów. Jesteśmy nieobecni we własnym życiu.

Można z łatwością rozróżnić zdrowy sposób życia od takiego, który wiedzie w stronę rozczarowania. Niech zatem post Daniela będzie dla nas inspiracją do nowych, rozwojowych doświadczeń życiowych. Niech nam towarzyszy i pomoże znaleźć odpowiedzi na życiowe znaki zapytania. Cierpliwość to samokontrola negatywnych emocji. To zdolność panowania nad impulsami, umiejętność radzenia sobie z pokusami. Zdolność do mądrego działania tu i teraz. Z takiej perspektywy droga do cierpliwości jest daleka, ale by pozbyć się z serca jaskółczego niepokoju, warto zrobić pierwszy krok.

Dzień 10

ODPORNOŚĆ DUCHOWA

Na łożu śmierci leży stary, prawie stuletni góral o imieniu Stanisław. Odwiedza go przyjaciel, prawie stuczteroletni Jędrek. Pyta:

– Jak się czujesz, Stasek?

Umierający odpowiada:

– Źle bardzo, siły mnie opuszczają. Na pewno dzisiaj wieczorem zobaczę Boga.

Na to Jędrek:

– Słuchaj, Stasek, jak On ciebie zapyta: „A co tam u Jędrka?", to powiedz: „Nie widziałem go, nic o nim nie słyszałem, niczego o nim nie wiem…".

Ta anegdota pokazuje, że przekonanie o nieistnieniu czegoś tylko dlatego, że tego nie widzimy i nic o tym nie wiemy, jest absurdalne aż do śmieszności. „Nie widziałem", „nie słyszałem", „nic o tym nie wiem" – to blokery poznawcze, które uaktywniają się w odniesieniu do wielu zjawisk związanych z naszym życiem. Przyszedł czas na kilka słów o jednym z nich – o odporności duchowej.

Są wśród nas topole. Trzymają się sztywno, prosto, dopóki nie powieje mocniejszy wiatr – wtedy pękają. Inni są jak leszczyny, elastyczni – chwieją się, ale nie upadają. Z życiowych klęsk i niepowodzeń wychodzą silniejsi, zahartowani. Skąd w nich ta siła? Dlaczego niektórym jej brakuje?

Liczba praktykujących psychoterapeutów wzrosła w ciągu ostatnich trzech dekad blisko czterdziestokrotnie. W tym samym czasie wyraźnie wzrósł standard życia, mierzony wskaźnikami dobrobytu: metrażem mieszkania, zmechanizowanym sprzętem, dostępem do technologii cyfrowej oraz informacji i edukacji. Nie widać jednak, by poprawiło się nasze zadowolenie z życia. Gorzej: jako społeczeństwo naprawdę chorujemy psychicznie. Czym bowiem są depresje, alkoholizm, lekomania, zajadanie złości, użalanie się nad sobą? Miliony ludzi dały się owładnąć lekami uspokajającymi. Wmawia się nam, że to dzięki nim poradzimy sobie z problemami czy wymaganiami, które stawia przed nami wymagający nauczyciel albo surowy szef. W ulotce reklamowej popularnego leku na niepokój możemy przeczytać: „polecane dla studentów, którzy będę musieli sobie radzić z nowymi, stresującymi sytuacjami". Rekordy sprzedaży biją antydepresanty. Mamy tu do czynienia z osobliwym paradoksem. Obiektywnie lepsze życie staje się nie do wytrzymania. To skutek plagi nierealistycznych oczekiwań, zwłaszcza rozbuchanej przez media pogoni za szczęściem rozumianym jako ustawiczne pokonywanie rywali w szkole, na studiach, w pracy.

Poprzez post Daniela poznajemy człowieka dotkniętego trudną sytuacją. Daniel głęboko przeżywa swoje cierpienie, ale co znacznie ważniejsze, przejawia zdolność odpierania rozpaczy. Nie zaprzecza faktom, nie zakłamuje swojej rzeczywistości, nie reaguje ucieczką w alkohol. Ma świadomość, że doświadcza przykrości i cierpienia. Postrzega własne trudności jako sprawę do załatwienia. Czego zaś nie robi? Nie porównuje się z innymi, nie pogrąża w samoobwinianiu. Nie tkwi uporczywie w negatywnych pułapkach myślowych (jak np. „nic mi się nie uda", „jest źle i będzie jeszcze gorzej"). Jakby na przekór wszystkiemu zachowuje odwagę i optymizm.

Czy z takim zaufaniem i optymizmem trzeba się urodzić? Byłoby dobrze, tylko kto z nas ma na to wpływ? Nikt. Natomiast każdy ma wpływ na to, jak reaguje w obliczu wyzwań i prób. Nie trzeba pękać, rozklejać się. Takiej sprężystości można i trzeba się uczyć. A od czego zacząć?

Wzorując się na proroku Danielu, powinniśmy przede wszystkim wypracować w sobie umiejętność zwracania się o pomoc w kryzysowych sytuacjach oraz przyjmowania pomocy. To niestety trudne, i to nie z powodu braku osób, które mogłyby nam pomocy udzielić, ale z powodu wpojonego nam przekonania, że proszenie o pomoc jest przejawem słabości charakteru. Wciąż bardzo wielu kieruje się zasadą prania brudów we własnym domu. Ta zasada utrwala przekonanie, że zamykanie się w sobie ze swymi problemami jest dowodem hartu ducha. Tymczasem jest dokładnie odwrotnie. To dzięki pomocy innych możemy nauczyć się podnosić głowę. Prorok Daniel to nie szczęściarz, któremu wszystko w życiu się udało bez wysiłku, lecz realista. Nie trwonił sił na nieskuteczne reakcje (jak fochy, dąsy czy obgadywanie, które i tak by nie pomogły), ale szukał sposobów, jak zaradzić problemom.

Pismo Święte uczy, że bycie odpornym psychicznie nie oznacza negowania swojego cierpienia. Nie należy od bólu i krzywdy odwracać uwagi. O zdolności przetrwania mówimy zwykle językiem psychologii. Uważam, że w ten sposób zawężamy pole widzenia. Powinniśmy uwzględnić jeszcze świat ducha. Bóg nas kocha i po to stał się człowiekiem, po to umarł i zmartwychwstał, aby nauczyć nas zmagania się z problemami, abyśmy mieli świadomość, że jesteśmy dziećmi Boga. Ewangelia to nie duchowe trele-morele. Zawiera konkretne narzędzia umacniające samodzielność, odwagę, umiejętność skupiania się na problemie i jego rozwiązaniu. Podobnie bowiem jak w biblijnej historii Daniela, człowiek sprężysty duchowo może się ugiąć pod naciskiem trudnej sytuacji, ale potem znów powstać, a nawet się rozwijać.

Dzień 11

JAK ZARZĄDZAĆ GNIEWEM?

Boimy się go u innych, boimy się własnego. Odcinamy się od niego albo przeciwnie – wybuchamy z byle powodu. Co krok znajdujemy powody, by się złościć, gniewać. Gniew jest mieczem trzymanym za klingę. I choć bez gniewu zmiany społeczne nie byłyby możliwe, to w życiu codziennym ta emocja bywa również destruktywna. Jak sprawić, aby gniew działał na naszą korzyść? Jak skutecznie sobie z nim radzić? Czy można wyobrazić sobie świat bez gniewu?

Coraz więcej jest osób ze zbyt krótkim lontem – impulsywnych, drażliwych, wybuchowych. Ludzie ci nieoczekiwanie często (także dla siebie) eksplodują. Skąd ta łatwopalność? Powodem wydaje się powszechne dziś poczucie przeciążenia. Wielu ludzi jest skrajnie obciążonych pracą, zadaniami. System, w którym żyjemy, domaga się od nas szybkości, wydajności. Zestresowani i przeciążeni stajemy się podatni na gniew.

Gniew bardzo często jest wtórną emocją, która przykrywa niepokój czy lęk. Obie te emocje są dzisiaj bardzo powszechne. Niejeden patrzy w lustro i mówi: „Boję się, czy sobie poradzę, czy zarobię na kredyt, czy nie zostanę wyrzucony z pracy, czy dobrze wychowam dzieci". Dominuje niepokój o przyszłość, brakuje poczucia bezpieczeństwa. Ten lęk przykrywamy irytacją, parskaniem na osoby w punktach usługowych. Udowadniamy sobie, że jednak jesteśmy silni i potrafimy pokłócić się ze sprzedawcą w odwecie za wszystkie codzienne krzywdy albo zwyczajnie dbając o dobrą jakość kupowanych produktów.

Destrukcyjny gniew daje nam złudne poczucie siły. Złość towarzyszy nam od zarania dziejów, pomogła nam przeżyć. Pełni dwie funkcje: informacyjną i energetyczną. Z jednej strony sygnalizuje, że dzieje się coś niepożądanego, z drugiej zaś dostarcza energii do zmiany tego stanu. Gniew z natury nie jest zły, jest po prostu narzędziem do osiągania celów, naszą bronią. Dlaczego zatem Kościół umieszcza go wśród siedmiu grzechów głównych? Bo jak każda broń i on niesie z sobą zagrożenie. Trzeba się nim posługiwać roztropnie, a na to nie zawsze starcza nam rozwagi. W gniewie padają słowa, których żałujemy, dochodzi do przemocy. Gniew niesłusznie utożsamiany jest z agresją, w praktyce jednak często jedno przechodzi w drugie. Im gorzej radzimy sobie z gniewem, tym częściej kończy się on agresją.

Z badań CBOS-u wynika, że w minionym roku co drugi badany Polak był wielokrotnie rozdrażniony i zdenerwowany. Benjamin Franklin powiedział kiedyś, że nigdy nie złościmy się bez powodu, ale rzadko jest to właściwy powód. Powody do gniewu często wymyślamy sami. Złości nas nie to, co się aktualnie dzieje, ale wyobrażenia i czarne scenariusze, jakie snujemy. Wystarczy wyobrazić sobie, że moglibyśmy stracić pracę, albo przypomnieć stłuczkę sprzed roku – od razu wszystko się w nas gotuje. Naszemu mózgowi jest po prostu wszystko jedno, czy to dzieje się naprawdę, czy tylko o tym myślimy.

Raz wzbudzoną złość trudno zatrzymać, zaczyna żyć własnym życiem. Zmienia naszą percepcję i myślenie. Jest soczewką, przez którą dostrzegamy jedynie zagrożenie naszych interesów. Gniew, gdy już się pojawi, może uderzyć w każdego, rzadko zaś trafia w tego, kto go wywołał. W ten sposób ofiarami złości padają często najbliższe nam osoby. To w nie trafiają nałożone na siebie fale złości, które wywołał ktoś inny.

Badanie opinii publicznej w Polsce pokazuje, że co trzeci Polak twierdzi, iż wściekłość jest mu obca. Każdy, oczywiście, odczuwa czasami gniew. Każdy, ale nie ja. Jeśli nie odnajdujemy gniewu w sobie, to znaczy, że gdzieś go ukryliśmy. Gniew jest maskowany częściej niż inne emocje. Ukrywamy go, bo nie mieści się w naszym obrazie własnej osoby. Chcemy wierzyć, że jesteśmy spokojni i szlachetni. Ale frustracji uniknąć nie sposób. Próbujemy mu zaprzeczać, mówimy, że to nie gniew, tylko oburzenie na niesprawiedliwość. Czy można gniew ukryć, zamieść go pod dywan? Można. Ale i tak wszyscy wiedzą, gdzie on jest. Ukryty pod dywanem, zaprzeczony, tłumiony w sobie albo wyrażany pokrętnie gniew nie znika. Gromadzi się, podnosi napięcie i zawsze znajduje ujście. Panowanie nad złością to wyzwanie. Ze wszystkich emocji ta bywa najbardziej nieustępliwa. Co nie znaczy, że nie możemy nauczyć się nad nią panować.

Grzeszymy gniewem, bo nie umiemy używać broni, którą dysponujemy od kołyski. Biblijny trening radzenia sobie z gniewem zaczyna się od jego dostrzeżenia. Należy dopuścić go do głosu, dostrzec w sobie, wysłuchać, co nam mówi, na co reagujemy gniewem. Być może są to korki uliczne, teściowa pouczająca, jak wychowywać dzieci, szef, który nas nie docenia. Wielu z tych sytuacji można uniknąć. Taka kontrola nazywana jest antycypacyjną – możemy np. przesiąść się na rower, by nie stać w korkach. Nie wszystkich sytuacji da się jednak uniknąć. Co zrobić, kiedy gniew już się pojawił? Trzeba go wyrazić, znaleźć dla niego odpowiednie słowo. Opowiedzieć, co czujemy, nie oskarżając drugiej osoby, nie przesuwając na nią odpowiedzialności. Służy temu komunikat „ja" (złości mnie, przeszkadza mi, denerwuje mnie) zamiast komunikatu „ty" (ty mnie denerwujesz, ty mi przeszkadzasz). Dzięki komunikatowi „ja" nie atakujemy drugiej osoby. Regulujemy w ten sposób bieg naszej emocjonalnej rzeki, nie tłumimy, nie zaprzeczamy, ale zyskujemy nad gniewem kontrolę.

Zdarza się jednak, że choć powiemy o swoim gniewie, wyrazimy go nieinwazyjnie, to mąż, żona czy dziecko nie zmieniają swojego postępowania. Co wtedy? Sposobem jest przepracowanie własnych przekonań. One często są mylne. Na złość nie mamy wpływu, ale to, w jaki sposób myślimy czy działamy, zależy od nas. Po pierwsze, zauważ, że to, co cię irytuje, to nie koniec świata. Ludzie, opowiadając mi o swoich problemach, często mówią: „nie zniosę tego". Odpowiadam im wówczas: „Rozumiem, ale nie zniesiesz tylko jajka". Po drugie, nie nadużywaj słów odwołujących się do tego, co ktoś inny powinien twoim zdaniem zrobić, nie skupiaj się na tym, na co nie masz wpływu (jak klimat czy decyzje sąsiadów). Jeśli twoje oczekiwania dotyczą spraw, których nie możesz zmienić, to zawsze coś będzie od nich odbiegać. Po trzecie, daj sobie oraz innym prawo do pomyłek, błądzenia. Gdy jako dziecko złościłem się, że coś mi nie wyszło, moja mama zwykła mówić: „Dziecko, a który raz ty żyjesz? Skąd miałeś to wiedzieć?". Powtarzam sobie to często i dzięki temu doświadczam mniej frustracji.

Ta biblijna strategia zarządzania gniewem przekonuje, że można uwolnić się od jego dyktatury. Przepustką do tej wolności jest jego wyrażanie oraz przepracowanie, czyli próba zmiany swoich myśli i przekonań, które stoją między faktami i gniewem. Nasze przekonania są często irracjonalne i dlatego warto się im przyglądać. Są w życiu sytuacje, których nie zmienimy, możemy jednak zmienić swój stosunek do nich. Krótko mówiąc: nie tłum gniewu, ale też nie działaj pod jego wpływem.

Dzień 12

STRES NIE TAKI STRASZNY

Lubimy myśleć, że działamy logicznie, że podejmujemy uzasadnione decyzje i trafnie oceniamy sytuację. Dlaczego zatem dajemy się uwieść impulsom? Żyjemy w świecie, który teoretycznie hołduje rozumowi. Planujemy, opracowujemy strategie, kreujemy porządek, który ma wprowadzać w nasze życie elementy logiki. Projektujemy swój rozwój, swoją karierę, swoje życie. Potrafimy uzasadnić wiele wyborów, tych ogromnej wagi i tych mniejszych. Wciąż racjonalizujemy – nic dziwnego, przecież człowiek tym różni się od zwierzęcia, że ma rozum.

Koncepcja człowieka jako stworzenia głuchego na podszepty serca, mimo swoich ewidentnych wad i uproszczeń, trafiła na podatny grunt. Na tyle podatny, że do dziś wielu jest przekonanych, iż sens człowieczeństwa zasadza się na umiejętnościach pohamowania emocjonalnych impulsów. Choć roli emocji w podejmowaniu decyzji nikt z odrobiną wiedzy i życiowego doświadczenia nie kwestionuje, to wielu nadal jest skłonnych przypuszczać, że jeśli się tylko chce i jeśli się człowiek dobrze skupi i zastanowi, to emocjonalne podszepty, skróty myślowe i ogólniki da się stosownie wyciszyć i znaleźć odpowiedź na każdy problem za pomocą nieomal zupełnie czystego – kantowskiego chciałoby się rzec – rozumu. Nic bardziej błędnego. Post Daniela konsekwentnie obnaża kuriozalne pomyłki, do jakich zdolny jest ludzki umysł, jeśli nie uczy się, jak radzić sobie ze stresem.

Jak oszczędzić sobie nerwów? Wierzymy, że gdyby nie stres, żyłoby nam się lepiej. Zapominamy jednak, że jakkolwiek byśmy się starali, on i tak zawsze będzie nam towarzyszyć. Zapominamy, że stres nie zawsze jest zły. Nieraz to właśnie on dodaje nam skrzydeł. Zamiast więc walczyć z nim zawzięcie, warto uczynić go swoim sprzymierzeńcem. Historia Daniela, który w sytuacji niewoli doświadcza stresu, może nam się wydać znajoma. Życie stawia przed nami coraz to nowe wyzwania, wiele od nas wymaga, nie szczędzi nam napięć. Doświadczamy stresu w pracy, na uczelni, w ulicznych korkach i w urzędach. W relacjach ze współpracownikami, sąsiadami, w życiu rodzinnym. Egzaminy, projekty, konflikty i kłótnie, pilne terminy, spóźnione autobusy, zagubione dokumenty, komputery, które zawieszają się w najmniej odpowiednim momencie. Czujemy, że w naszym życiu dzieje się za wiele, za szybko, za trudno.

Mylimy też objawy stresu będącego reakcją na rzeczywistą, trudną dla nas sytuację z tym, że trwamy w napięciu wynikającym z różnorodnych nierozwiązanych wewnętrznych trudności i konfliktów, które staramy się od siebie odsunąć, by uniknąć uczuć, jakie się z nimi wiążą. W tym drugim przypadku przeżywamy lęk. O ile reakcja stresowa ma swoją rzeczywistą zewnętrzną przyczynę, o tyle źródło lęku tkwi wewnątrz nas. Zawsze więc warto zastanowić się nad tym, co się z nami dzieje i dlaczego tak jest. Dziś zajmiemy się stresem.

Przykład biblijnego Daniela jasno dowodzi, że stres wynika z relacji między naszymi możliwościami a wymaganiami sytuacji. Stresujemy się, gdy oceniamy, że sytuacja przekracza nasze zdolności radzenia sobie. Czujemy, że nas ona przerasta, że jej nie podołamy. Dlaczego tak jest? Wszystkie kręgowce reagują na niebezpieczeństwo, wydzielając hormon stresu. To często ratuje im życie. Gdy zagrożenie mija, reakcja stresowa zostaje wyłączona i organizm wraca do zwykłego trybu. U ludzi jednak wyłącznik reakcji stresowej nie zawsze działa tak, jak powinien i niekiedy uruchamia ją w sytuacjach, które nie stanowią bezpośredniego zagrożenia. Dlatego właśnie stresujemy się, myśląc o podatkach, wścibskich sąsiadach, sytuacji w kraju. Reakcję stresową uruchamia już nawet samo wyobrażenie sobie tego, co może się zdarzyć. Choć bywa, że stres pojawia się w sytuacjach, które jedynie sobie wymyśliliśmy lub które wyolbrzymiamy, to jego konsekwencje są realne i często bardzo dotkliwe. Nic więc dziwnego, że jest on często przedstawiany jako współczesna plaga zbierająca coraz większe żniwo. Skoro zaś stres to coś, co utrudnia nam codzienne funkcjonowanie, a nawet zagraża naszemu zdrowiu, chcemy go za wszelką cenę uniknąć, usunąć z życia. Stres nie musi być jednak przykry, nie musi nam szkodzić. Post Daniela przekonuje, że można i trzeba się chronić przed jego negatywnym skutkami, gromadząc i wykorzystując różne zasoby. O jakich zasobach mowa?

Błędy to wielkie chwile. Myśleliście kiedyś w ten sposób? Kiedy nie możemy sobie z czymś poradzić, oznacza to, że jeszcze nie umiemy tego zrobić. Warto wówczas zastanowić się nad tym, jakie działania podjąć następnym razem. Zadośćuczynić osobom, które być może zostały skrzywdzone przez naszą wpadkę, i pójść dalej. Stres, który idzie w ślad za kłopotami, problemami, traktujmy jako sygnał. Skoro przytrafiło ci się niepowodzenie, zatrzymaj się i zastanów, dlaczego tak się stało.

Ile razy w swoim życiu odczuwałeś głęboki smutek? Czy wiesz, gdzie jest twoje dno? Niektórzy twierdzą, że jeśli człowiek nie osiągnie dna, to niczego w swoim życiu nie zmieni. Ja, podobnie jak prorok Daniel, wolę tych, którzy mówią, że z poziomu świadomości, na którym wpadło się w problem, nie da się go rozwiązać. Kiedy człowiekowi jest smutno, mieli w głowie kolejne metody rozwiązania problemu. Przypomina sobie kolejne porażki, pojawia się ich coraz więcej i więcej. Tak jakby intuicyjnie wyczuwał, że jest gdzieś w nim idea, którą trzeba odkryć. Każde złe samopoczucie, stres to ważne sygnały, które powinny skłaniać do wprowadzenia zmian w trybie życia. Tymczasem my interpretujemy je jako wezwanie do taplania się w kłopotach. Wszystkie pytania, które się wówczas liczą, można ograniczyć do permutacji trzech podstawowych: Co mogę teraz zrobić? (Czyli jakie działania – i to teraz – podjąć, skoro już się zawaliło). Co dobrego wynika z tego dla mnie, czego muszę się nauczyć? Jak postępować, by w przyszłości uniknąć podobnych sytuacji albo zminimalizować szanse na ich zaistnienie? Tego, co było złe, nie możemy już zmienić. To dlatego nie lubimy popełniać błędów. Niesłusznie. Choć są dla nas nieprzyjemne, to kryją w sobie ważne rozwiązania. Zamiast od nich uciekać, lepiej się zastanowić, dokąd mogą nas zaprowadzić.

Po tych przemyśleniach może zrodzić się przekonanie, że takie podejście wymaga ogromu zmian w głowie. Jest jednak inaczej. I wyjątkowo wcale nie musisz zaczynać od siebie. Kiedy następnym razem przyjdzie do ciebie ktoś z kłopotem, daj mu się wypłakać, a potem spróbuj zmienić jego myślenie. Szanujmy ludzi, współczujmy im, ale pamiętajmy, że samo zalewanie się łzami tutaj nie wystarczy. Łez i tak będzie zbyt mało. Bądźmy falochronem, fundamentem, a nie dodatkową parą oczu do płakania. Bądźmy światłem, a nie sędzią. Częścią rozwiązania, a nie problemu. Kiedy zobaczysz, jak to działa na innych, zapragniesz to samo zrobić ze sobą. Analizuj problemy, szanuj je, szanuj innych, ale nie marnuj czasu na rozpacz. Przeszłość już była i przestała istnieć. To, na co możesz wpłynąć, dzieje się teraz.

Nie dajmy się zwieść mitom, że można żyć bez stresu albo że da się go z życia wyeliminować. Nie walczmy z nim za wszelką cenę, bo już sama walka jest stresująca. Nie pomnażajmy własnego stresu. Uczmy się, jak sobie z nim radzić. Budujmy zasoby na trudny czas. Korzystajmy z tych samych metod co Daniel.

Zaangażuj się w pozytywne, korzystne dla Ciebie działanie. Zidentyfikuj źródło stresu w Twoim życiu. Przeznacz na to kilka minut w tygodniu. Neutralizuj skutki stresu. Przemyśl, jak uniknąć lub zredukować liczbę stresujących wydarzeń. Stres nie musi być twoim wrogiem.

Dzień 13

SPOSÓB NA ZMĘCZENIE

Jestem zmęczona. Jestem zmęczony. Mam wrażenie, że to jeden z najczęściej używanych dziś argumentów. Zmęczeniem tłumaczy się odmowę. Zmęczeniem usprawiedliwia się opóźnienie. Zmęczenie jest parawanem dla egoizmu, niechęci, braku empatii i wielu, wielu innych postaw. Zmęczenie jest jak klucz uniwersalny, by nie powiedzieć wytrych, który otwiera każdy zamek. Zmęczenie jest bohaterem scen rodzinnych, zawodowych, towarzyskich, a nawet relacji dość intymnych. Nie lubimy się męczyć, ale bywa, że lubimy być zmęczeni. Lubimy być zmęczeni, bo zmęczenia można użyć na wiele sposobów, z korzyścią dla siebie.

Być może właśnie dlatego tak wiele jest wokół nas osób zmęczonych (nie wyłączając nas samych). Być może dlatego dzieci postrzegają zmęczenie jako jeden z objawów dorosłości. Powodów do zmęczenia nie brakuje. Jednych męczy praca, drugich bezczynność. Jednych męczy stabilność i monotonia, drugich zmiany. Jednych nadmiar bodźców, drugich cisza. Jedni budzą się zmęczeni, drudzy czują zmęczenie dopiero przed zaśnięciem. Jedni męczą się na samą myśl o tym, że coś trzeba zrobić, drudzy muszą wiele zrobić, żeby poczuć zmęczenie. Nie ma jednego wzorca zmęczenia i jednego sposobu jego przeżywania. Nie ma też jednego sposobu radzenia sobie z nim. Popularny sposób na zmęczenie to pozycja horyzontalna. Poleżeć sobie, pomarzyć, podrzemać. Inny, niezmiernie częsty, to natężanie się. Zaciśnięcie zębów i stawianie masy obwarowań co do tego, jaki ma być świat, co powinni ludzie, a co my musimy. Nie trzeba przekonywać, że może doprowadzić do wyczerpania ponad bezpieczną miarę.

Wiele osób, poszukając szczęścia, stawia wiele warunków, dzięki spełnieniu których mogą czuć się szczęśliwi. Myślę, że jest to pierwszy krok ku zgubie. Szczęście jest zdolnością cieszenia się i może się pojawić także w trudnych okolicznościach. Wtedy gdy mieszkanie niewyremontowane, projekt jeszcze niezamknięty, córka nie ułożyła sobie życia, syn ma kłopoty finansowe, a nam brak bliskiej osoby. Wydaje nam się, że bez spełnienia tych warunków nie zaznamy szczęścia. Nakładamy całą masę takich kagańców sobie i ludziom wokół. Zakładamy, że świat powinien jakiś być, że my coś musimy. Niektórzy z nas, aby mieć udane życie, już na wstępie stawiają warunki: muszę mieć gromadkę udanych dzieci, kochającego męża, zawsze uśmiechniętą żonę, muszę dbać, by nikt nie doświadczył stresu, muszę być równie aktywny zawodowo jak koledzy. Kłopot w tym, że te warunki są niemożliwe do spełnienia, a na pewno nie wszystkie naraz. A jeśli nawet uda się je zrealizować, to potrafimy zminimalizować ich wartość: jestem aktywny zawodowo, ale koledzy osiągnęli więcej; wprawdzie córka wyszła za mąż, ale to nie jest mój wymarzony zięć. Mówimy „tak, ale...": no tak, skończyłem studia, ale gdybym wybrał innych kierunek, to ho, ho, gdzie ja bym dziś był; gdyby moim mężem był ktoś inny, to życie potoczyłoby się inaczej.

Fundujemy sobie całą masę takich uwikłań i jesteśmy zmęczeni życiem. Wiele można sobie w ten sposób popsuć. Po co więc stawiamy warunki? Niektórzy mówią, że te oczekiwania są jak motywacyjna busola, kierują nas w ważne strony. Problem tkwi w tym, że mamy zbyt dużo oczekiwań, formułujemy je bezkompromisowo, one same są zbyt wygórowane. „Muszę" bardzo zawęża świat, nie daje szans innym wariantom. „Muszę" pozbawia nas bardzo ważnej ludzkiej cechy: możliwości wyboru. Wikła nas i sprawia, że poczucie kontroli się rozpływa, bo jeżeli musimy, to nasz wybór naprawdę jest ograniczony. Warto się zastanowić, ile z tych naszych „muszę" jest rzeczywiście nie do uniknięcia, a ile to tak naprawdę nasz wybór.

Post Daniela pokazuje, że w każdej sytuacji mamy wybór. To my decydujemy, czy idziemy rano do pracy albo czy powiemy szefowi, co myślimy o jego decyzji. Ponieważ jednak każdy z naszych wyborów pociąga za sobą konsekwencje, z którymi nie zawsze chcemy się zmierzyć, uciekamy w „muszę". Wydaje nam się, że w ten sposób unikniemy przykrości. Łatwiej przecież powiedzieć, że musieliśmy.

Jako chłopiec byłem pewien, że jestem zdolny do wszystkiego. W swej młodzieńczej arogancji sądziłem, że mogę wszystko. Z biegiem lat to przekonanie się zmieniało. Po jakimś czasie uważałem już, że mogę wiele, a dziś, po upływie jeszcze kilku lat, zadowala mnie myśl, że warto stale pytać siebie, na ile to, co mogę robić, jest tym, czym chcę się zajmować, na ile mnie to rozwija. Tylko jedno pytanie przez cały ten czas nie ulegało zmianie: czy aby nie przegapiam możliwości wyboru, w jaki wyposażył mnie Bóg, czy aby go gdzieś nie zakopałem z głupoty, strachu, lenistwa. Bo że mnie w ten wybór wyposażył, byłem pewien.

Wybór człowieka nadaje całkiem indywidualny sens jego egzystencji. To właśnie wolny wybór powinien uzasadniać nasze bycie tutaj, w tym czasie. Trudno nam zaakceptować wolność wyboru. Rezygnujemy z niego. Mówimy, że brak nam szczęścia, a zarazem przegapiamy wiele możliwości jego osiągnięcia, tracimy kolejne okazje. Spytałem kiedyś koleżankę, która narzekała na swoje małżeństwo, po czym poznałaby, że mąż ją kocha. Następnego dnia zadzwoniła i powiedziała: „To było ciekawe pytanie. Doszłam do wniosku, że biedak nie ma szans, by udowodnić, że mnie kocha. Nawet gdyby się dla mnie zabił, uznałabym, że zrobił to tylko dlatego, że nie mógł już dłużej ze mną wytrzymać".

Skoncentrowani na sobie i naszych scenariuszach, zamykamy się na inne sposoby. Jeśli zakładamy, że zawsze musi być po naszemu, to mamy realny kłopot z odczuwaniem tego, co jest. Warto sobie uświadomić, że pod presją wewnętrznych scenariuszy raczej się wycofujemy, nie podejmujemy ryzyka i w efekcie nie dochodzi do konfrontacji z tym, na czym nam zależy. Wybór w świetle postawy proroka Daniela jawi się jako swoiste oscylowanie między gotowością do zmian, elastycznością w podążaniu za nimi a konsekwencją w realizacji podjętych dążeń. Nie jest nudną, rozgoryczoną stagnacją, ale dynamiczną zdolnością do kształtowania rzeczywistości. Kluczem jest tutaj poszukiwanie, dokonywanie wyboru. To ja decyduję, co uczynię priorytetem w swoim życiu. Wybór to sposób na zmęczenie życiem.

Dzień 14

RADOŚĆ

Jakiś czas temu zapytałem kilka zaprzyjaźnionych osób o to, co sprawia im radość. Ku mojemu zaskoczeniu mężczyźni odpowiadali dość zgodnie „czy ja wiem?". Odpowiedzi kobiet z kolei były rozbudowane i skłaniały do refleksji. Pierwsza jako źródło radości wskazała podróże. Rzeczywiście, podróżuje niemal bez przerwy. Była wszędzie tam, gdzie warto być i gdzie ja sam chciałbym być, ale pewnie już nie zdążę. Druga odpowiedziała, że radość dają jej spotkania. Spotkania to ludzie.

Spotkania to zawsze niespodzianka. Nikt przecież nie powie, że spotkał się z kimś, z kim nieustannie spędza czas, albo że spotkał kogoś, kogo widzi codziennie w rutynowych sytuacjach. Spotkania to otwarcie się na nieznane światy. Dla trzeciej istotą radości jest miłość. Bycie obdarzanym miłością i przyzywanie miłości do kogoś. Odnajdywanie w sobie niezwykłego uniesienia i tęsknoty za drugim.

A co sprawia radość Tobie? Radość! Rodzimy się z nią, ufnie obnażamy w bezzębnym uśmiechu, patrzymy oczami wielkimi jak spodki, bo każda chwila niesie w sobie zagadkę. Potem wyrzynają nam się zęby, bliźni kąsają, świat staje nam ością w gardle. Grymas wszystkowiedzy wypiera uśmiech, gorzko naśmiewamy się z radości, że to niby kiczowaty symbol naiwnych. A przecież gdy stajemy się głusi na jej głos i ślepi na jej blask, nasze życie staje się mdłe, bezdźwięczne i zanurzone w mroku. Odnaleźć radość nie jest trudno. Bo szczęścia wcale nie trzeba szukać na końcu świata. Ciekawą odpowiedź niesie ze sobą post Daniela, w którym uczestniczymy. Poczucie radości składa się z bilansu świadomości tego, kim jestem, oraz pewności siebie, kto bowiem wierzy w siebie, nie musi wciąż sprawdzać, ile jest wart.

Mamy rozum, dwie ręce i chęć, maturę zaliczyliśmy na pięć lub nawet na sześć. A jednak jesteśmy niepewni swojego miejsca na ziemi. Czasami dla samych siebie jesteśmy warci – to nie żart – mniej niż zero. Gdy nasza radość, pewność siebie jest na minusie, świat wydaje się straszny, a ludzie, nawet ci najbliżsi, dalecy. Im większa niepewność, tym mocniejsza tęsknota do wiary w siebie. Jak ją odzyskać?

Każdy człowiek ma dobre strony. Żeby je odnaleźć, trzeba tylko przekartkować te złe. Czy znamy swoje mocne strony? Zazwyczaj nie. Mamy tylko ambitne plany, ale to za mało. Ich realizacja wymaga bowiem wysiłku i angażowania postaw, których czasem nie posiadamy. Dlatego wybieramy nieodpowiednie miejsca pracy, tracimy motywację. Czujemy się niedoceniani, pozbawiani szans na rozwój i awans. Nie zdajemy sobie sprawy, że dobre wyniki osiągamy wtedy, kiedy robimy to, co umiemy najlepiej, i pracujemy w sposób najbardziej odpowiadający naszym możliwościom.

Źródłem wielu błędnych założeń na temat naszych mocnych stron jest wizja sukcesu i nieograniczonych możliwości, którą wpaja nam się od dziecka. Promuje się przede wszystkim dynamizm, żywiołowość oraz indywidualizm, a przecież nie każdy ma takie cechy. Poradniki rozwoju osobistego i zawodowego podsuwają rady, jak szybko stać się herosem i mistrzem. Nie uwzględniają faktu, że każdy człowiek ma jakieś ograniczenia i zmienianie siebie na siłę jest nieskuteczne. Aby osiągać wybitne efekty, potrzeba czasu i ćwiczeń. Oraz wiedzy, jakie umiejętności w sobie rozwijać. Zdobyć ją można tylko poprzez szczerą i zarazem surową refleksję. Spojrzenie na siebie bez różowych okularów na nosie. Na ogół pomijamy fakty, które przeczą naszej ocenie siebie, które uderzają w nasze ego. Szczera odpowiedź na pytanie o własne wady i zalety, choć może być bolesna, w dłuższej perspektywie przynosi ulgę i oszczędza rozczarowań.

Nasze życie zawodowe nie skończy się szybko, warto zatem przygotować się na kryzys, zmiany. Warto przygotować się na dojrzewanie do nowego spojrzenia na siebie i otaczający nas świat. Znając swoje mocne strony, mamy szansę przejść bezpiecznie przez różne życiowe mielizny i kłopoty, możemy całą naszą energię przeznaczyć na rozwijanie talentu i nabywanie nowych umiejętności, a nie ciągłe rozpamiętywanie porażek i niepowodzeń. Nie zachęcam tu do optymizmu rodem z kolorowej prasy, lecz do spojrzenia z racjonalnej perspektywy.

Odpowiedź na pytanie, w czym jesteśmy dobrzy, na ogół nie sprawia nam trudności. Rzadko jednak jest to odpowiedź trafna, bo najzwyczajniej w świecie nie znamy siebie. Poznać siebie to indywidualne zadanie dla każdego z nas. Jedną z metod odkrycia własnych atutów jest udzielanie samemu sobie informacji zwrotnych, czyli porównanie oczekiwań z rzeczywistymi osiągnięciami.

Życie proroka Daniela ukształtowało podejście, które bazuje na wiedzy o tym, do czego się nadajemy, a do czego lepiej się nie zabierać. Można je streścić w trzech punktach.

1. Koncentruj się na swoich mocnych stronach. Tylko jeśli je wykorzystasz, twoje działania mogą zakończyć się sukcesem.

W życiu, podobnie jak w pokerze, obowiązuje zasada karta – stół. W moich rodzinnych stronach, wśród górali babiogórskich, powiada się, że człowiek rodzi się z pewnym rozdaniem kart, czyli talentów, atutów. Podnosi je, ogląda, a potem, stając w szeregu gier życia, próbuje tymi kartami jak najlepiej zagrać. Nie warto stękać, narzekać na rozdanie. Strategia gry w karty jest zawsze taka sama: żeby wygrać, trzeba rozgrywać. Jeśli mam talent, ale zatrzymuję go dla siebie, nie mam szans na wygraną. Daje mi ją dopiero aktywne rozgrywanie.

2. Bądź proaktywny, szukaj okazji do wykorzystania swoich możliwości.
Rozwijanie mocnych stron powinno być procesem. Stąd tak ważne jest pytanie, co mam wyjątkowego, czego nie mają inni, i jak to wykorzystać w działaniu. Analizując siebie, szybko odkryjesz, jakie kompetencje, umiejętności i wiedzę posiadasz, a jakie trzeba dopiero wykształcić albo czego się nauczyć. Takie spojrzenie pozwala dostrzec złe nawyki oraz przyzwyczajenia, które osłabiają wydajność i jakość relacji z innymi. Uzupełnianie tego, czego ci brakuje, zajmie relatywnie niewiele czasu, ponieważ łatwiej przejść z poziomu dobrego na wybitny niż z miernego na średni.

3. Upewnij się, że twój brak wiedzy w określonej dziedzinie nie wynika z arogancji.
Zakorzenione gdzieś w głębi umysłu poczucie, że inżynier nie musi rozumieć emocji, a artysta plastyk nie musi posiąść podstawowych umiejętności z zakresu zarządzania domowym budżetem, sprawia, że zamykamy się na inspirującą różnorodność, na innych ludzi, na inne umiejętności.

Koncentrowanie się na swoich mocnych stronach, stałe rozwijanie nowych postaw oraz umiejętności, otwartość na inne sposoby myślenia, mówienia i działania ma szczególną właściwość. Uczy bowiem nie tylko nie przeceniać sukcesów, ale też odporności na porażki. Uczy myśleć: „jeśli nie teraz, to później". Kłopoty wówczas nie paraliżują, ale raczej mobilizują. Sukces nie skłania do osiadania laurach, ale do postawienia następnego kroku.

Taka twórcza postawa daje poczucie radości.

Uzdrowieni postem Daniela

Historie i świadectwa

Prawie nigdy nie jest za późno (ani za wcześnie) na zmianę sposobu odżywiania się i stylu życia. Post Daniela z dietą dr Ewy Dąbrowskiej to nie tylko propozycja nowego sposobu odżywiania, ale również nowego podejścia do życia. Wykorzystując naturalne siły organizmu, działa on leczniczo i poprawia stan zdrowia. Post jest jednak doświadczeniem nie tylko cielesnym, ale i duchowym. Dlatego zebrane poniżej historie dotyczą obu tych sfer.

Imiona i miejsce zamieszkania osób zostały zmienione. Wyjątkiem jest przypadek Kazimierza z Mysłowic, którego świadectwo można znaleźć na portalu youtube.pl.

Kazimierz z Mysłowic, 52 lata. Uczestniczył w poście Daniela w Zembrzycach. Po 12 latach chorowania na akromegalię, chorobę powodującą uporczywe bóle kości i głowy, aż do utraty przytomności, doznał łaski uzdrowienia podczas mszy uzdrowieniowej. Dzisiaj jest zdrowy. Jego świadectwo można znaleźć pod adresem: https://www.youtube.com/watch?v=nUgTHJG1YPg.

Władysław z Warszawy, 78 lat. Przed rozpoczęciem postu Daniela przeszedł operację usunięcia płuca z powodu zmian nowotworowych. Choroba wróciła po 9 latach, tym razem jako rak prostaty. Władysław od 8 lat stosuje dietę pełnowartościową. Systematycznie podejmuje post z dietą dr Ewy Dąbrowskiej – 3 razy w roku po 2 tygodnie. Zgubił 27 kg nadwagi i pozbył się uciążliwych chorób cywilizacyjnych: dny moczanowej, nowotworu prostaty, reumatyzmu, choroby wieńcowej i niewydolności krążeniowej. Przed zmianą sposobu odżywiania płacił za lekarstwa ok. 500 zł miesięcznie, obecnie kwotę tę przeznacza na zdrową żywność. Cieszy się dobrym zdrowiem i wszystkim, którzy cenią swoje zdrowie, poleca zdrowy styl życia i odżywiania się.

Julian z Katowic, 53 lata. Od 3 lat stosuje dietę pełnowartościową, a 2 razy w roku post Daniela. Pozbył się trwającej od 20 lat łuszczycy skóry, a także boreliozy. Czuje się doskonale i wszystkich zachęca do zmiany sposobu odżywiania się.

Katarzyna z Muszyny, 47 lat. Przez 10 lat leczyła się z powodu guzków tarczycy. Po wyeliminowaniu pokarmów nietolerowanych, stosowaniu 2 razy w roku postu Daniela i zmianie codziennej diety na pełnowartościową uniknęła operacji. Guzki sukcesywnie się zmniejszają i organizm wraca do równowagi. Jej zaangażowanie w dietę, potrzeba zmiany stylu odżywiania się, dążenie do wzmocnienia zdrowia naturalnymi metodami zaowocowały z czasem wprowadzeniem diety pełnowartościowej dla całej rodziny.

Mirosława z Gliwic, 58 lat. Zanim zmieniła dietę na pełnowartościową, przez 12 lat była bezskutecznie leczona z powodu reumatoidalnego zapalenia stawów, które objawiało się guzkami Heberdena na palcach dłoni. Od 7 lat stosuje dietę pełnowartościową, 2 razy w roku podejmuje post Daniela. Po wykonaniu testu na nietolerancje pokarmowe wyeliminowała z diety również produkty nietolerowane przez jej organizm. Jej stan zdrowia radykalnie się poprawił, guzki na dłoniach zanikły. Jest wielką fanką zdrowego stylu życia i odżywiania się.

Zuzanna z Chrzanowa, 50 lat. W 2003 roku stwierdzono u niej nowotwór piersi z przerzutami. Mastektomia została przeprowadzona w 2004 roku. Kolejne 5 lat upłynęło pod znakiem chemioterapii. W trakcie leczenia onkologicznego stan zdrowia Zuzanny znacznie się pogorszył, pojawiły się choroby towarzyszące: nadciśnienie, brak łaknienia, wyczerpanie organizmu, osłabienie systemu odpornościowego. Po 3 miesiącach od zakończenia ostatniej chemioterapii Zuzanna podjęła 6-tygodniowy post Daniela z dietą dr Ewy Dąbrowskiej. Powtarza go raz w roku przez 6 tygodni. Zmieniła dietę na wegańską. Jej stan zdrowia jest lepszy niż przed zachorowaniem, wszystkie wyniki badań są prawidłowe, a ona sama tryska energią.

Zakończenie

Zdrowie jest najcenniejszym ze skarbów człowieka, najwyższą ziemską wartością. Dlatego należy je cenić, szanować, ochraniać, a gdy zajdzie potrzeba, ratować, nie szczędząc wysiłków, zabiegów i dostępnych środków. Istnieje przekonanie, że jak długo człowiekowi służy zdrowie, tak długo cieszy go świat. Aby zwyciężyć w walce z epidemią chorób cywilizacyjnych, musimy zmienić nasze zgubne nawyki żywieniowe i okresowo stosować posty.

Nasz sposób odżywiania powinien stać się prostszy i jak najbardziej zbliżony do naturalnego. To my sami, wybierając spożywane pokarmy, decydujemy o jakości naszego zdrowia. Pamiętajmy więc, że pożywienie stanowi źródło energii dla organizmu, zasila jego komórki, dostarcza mu składniki odżywcze wykorzystywane w procesach wzrostu i odnowy. Jest ono również potrzebne do prawidłowego funkcjonowania hormonów, enzymów i neuroprzekaźników. Codziennie doświadczamy bezlitosnego działania prawa przyczyny i skutku, dlaczego więc wydaje nam się, że w tej jednej, kluczowej dziedzinie życia miałoby ono nie działać? Choć większość z nas nie lubi zmian i preferuje wygodę, warto zaryzykować, ponieważ osiągnięte zyski będą bez porównania większe niż wysiłek włożony w zmianę przyzwyczajeń.

Regularne zdrowe odżywianie się nie każe długo czekać na efekty: poczujesz przypływ energii, zyskasz ładniejszą sylwetkę, poprawią się Twoja cera i włosy, będziesz rzadziej chorować i dłużej żyć. Jest to najmądrzejsza inwestycja, jakiej możesz dokonać.

Nikt z nas nie wie, kiedy dosięgnie go poważna choroba. Gdy to się już stanie, nie pogrążaj się w rozpaczy. Jest wyjście z tej sytuacji.

POST DANIELA JEST I BĘDZIE DLA CIEBIE BŁOGOSŁAWIEŃSTWEM

Weź sprawy w swoje ręce i zadbaj o zdrowie swojego ciała, umysłu i ducha!

Podziękowania

Dziękuję Panu Bogu za wielki dar życia, a Jezusowi za to, że przemienia mnie wewnętrznie.

* * *

Moim rodzicom, którzy pokazali mi, jak kochać i mieć nadzieję, dziękuję za ich poświęcenie i miłość.

Mojemu mężowi za nieprzeciętną cierpliwość, wyrozumiałość i opanowanie.

Moim córkom za miłość i piękno, jakie wniosły w nasze życie.

Mojemu rodzeństwu za wsparcie oraz pomoc w kulinarnych przygotowaniach diety warzywno-owocowej.

Księdzu Łukaszowi Piórkowskiemu za współpracę, zaufanie, profesjonalizm w prowadzeniu rekolekcji z postem Daniela, opiekę duchową nad nami, otwartość, serdeczność i wyrozumiałość, a także za doskonałe poczucie humoru, które spowodowało, że jest on dla nas nie tylko duchowym przewodnikiem, ale i przyjacielem.

Księdzu dyrektorowi Pawłowi Rybskiemu i wszystkim pracownikom Ośrodka Wypoczynkowo-Rekolekcyjnego Totus Tuus za ich trud i zaangażowanie w turnusy z postem Daniela. Bez nich nie byłyby one możliwe.

Moim wspaniałym, wyjątkowym przyjaciołom za ciepły i dający wsparcie uśmiech, za różne gesty życzliwości, za poświęcony czas i wsparcie dobrym słowem.

Ani, która z pasją i zaangażowaniem fotografowała potrawy.

Wszystkim uczestnikom turnusów postu Daniela, którzy okazali mi wielką życzliwość, wsparcie, cierpliwość i zrozumienie. Bez Was ta książka nigdy by nie powstała.

Szczególnie gorąco dziękuję pani dr Ewie Dąbrowskiej za jej nieocenione wsparcie, podpowiedzi, poświęcony czas, cierpliwość i profesjonalizm. To ona zachęciła mnie i zmotywowała do napisania tej książki. Na szlakach naszego życiowego pielgrzymowania Najwyższy stawia nam ludzi, którzy mogą nas ubogacić lub zubożyć. Ja miałam szczęście spotkać osobę, od której otrzymałam tak wiele, że słowa nie są w stanie wyrazić ogromu mojej wdzięczności.

Dziękuję również zespołowi Wydawnictwa WAM za pracę włożoną w przygotowanie tej książki.

Krystyna Dajka

Indeks potraw

Bibliografia

Błaszczyszyn Maja, *Pełnia życia Fitonics*, Warszawa, Wydawnictwo Sic!, Warszawa 1997.

Dąbrowska Ewa, *Ciało i ducha ratować żywieniem*, Wydawnictwo Michalineum – CMM, Marki k. Warszawy 2001.

Fedorowska Dorota, *Uzdrawiająca siła oczyszczania*, Wydawnictwo Colonica, Wrocław 2001.

Fras Piotr, P*ost. Boży Dar dla człowieka*, Fundacja Źródła Życia, Wrocław 2009.

Gentili Antonio, *Post dla zdrowia ciała i ducha*, przeł. Magdalena Osocha, Wydawnictwo OO. Franciszkanów „Bratni Zew", Kraków 2008.

Górnicka Jadwiga, *Apteka Natury – poradnik zdrowia*, Agencja Wydawnicza Jerzy Mostowski, Raszyn 2006.

Nocuń Tomasz, *Głodówka i dieta dla zdrowia*, Wydawnictwo Wegan, Lublin 2011.

Pismo Święte Starego i Nowego Testamentu. Biblia Tysiąclecia, wyd. 4, Pallottinum, Poznań–Warszawa 1984.

Wąsik Małgorzata, *Kuracja oczyszczająca organizm*, Wydawnictwo AA, Kraków 2012.

Wiśniewska-Roszkowska Kinga, *Teoria i metodyka ćwiczeń relaksowo-koncentracyjnych*, S. Grochmala (red.), Warszawa 1979.

KRYSTYNA DAJKA

jest dyplomowanym dietetykiem, specjalistą promocji, pedagogiki i polityki zdrowia. Od 16 lat propaguje dietę warzywno-owocową wg metody dr Ewy Dąbrowskiej.

Regularnie prowadzi warsztaty kulinarne „Gotujemy dla zdrowia" i turnusy z postem Daniela w Ośrodku Wypoczynkowo-Rekolekcyjnym Totus Tuus im. ks. kard. Karola Wojtyły w Zembrzycach, a także w Rybniku na Śląsku, w Szaflarach i w Leśnicy na Podhalu i w Chłapowie na Pomorzu.

Uczestnictwo w turnusach poleca zwłaszcza tym osobom, które chcą podjąć dietę warzywno-owocową po raz pierwszy. Każdy uczestnik turnusu z postem Daniela ma zapewnioną fachową opiekę lekarza, dietetyka i fizjoterapeuty.

WIĘCEJ INFORMACJI O TURNUSACH I WARSZTATACH KULINARNYCH PROWADZONYCH PRZEZ AUTORKĘ ZNAJDZIESZ NA STRONIE

www.dieta-zdrowko.pl